KB191096

당신의 인생은 틀리지 않았다

당신의 인생은 틀리지 않았다

제갈건 지음

비교하지 않는 삶을 위한
노자·장자 철학 수업

마디북

긍정과 감사의 철학,
『도덕경』과 『장자』에 대하여

게임엔 룰이 있다. 룰이 없는 게임은 죽은 놀이다. 철학엔 개념이 있다. 개념이 없는 철학은 죽은 공부다. 철학의 목적은 실천이다. '철학함'으로 연결되지 않는 철학은 무의미하다. 그러려면 먼저 개념을 알아야 한다.

중국 춘추 시대의 사상가 노자(老子)가 지은 『노자도덕경(老子道德經)』(이하 『도덕경』)과 전국 시대의 사상가 장자(莊子)가 지은 『장자(莊子)』는 매머드급 고전이다. 『도덕경』은 춘추 시대 말기에 여든을 넘긴 노자가 관윤희(關尹喜)라는 사람에게 적어준 37장의 도경(道經)과 44장의 덕경(德經)을 이르는 말이다. 도가(道家)의 시조로 알려진 노자의 본명은 이이(李耳)이며, 일생은 거의 알려진 바가 없는 전설적인 인물이다.

장자는 기원전 300년 경 전국 시대를 살았던 사상가로 본명은 장주(莊周)다. 노자와 함께 도가 철학의 중심인물로 꼽히는 그는 저서 『장자』를 남겼는데, 현재 전해지는 건 내편 7장, 외편 15장, 잡편 11장으로 총 33편이다. 그중 내편은 장자가 직접 쓴 것으로, 외편과 잡편은 후대에 의해 쓰인 것으로 알려져 있다.

한 권 책으로 노자와 장자의 광활한 사상을 집약하기는 어렵다. 하지만 한 권 책에 노자와 장자의 핵심 개념을 담을 순 있다. 핵심 개념을 이해하면 노자든 장자든 자유롭게 읽을 수 있다.

노자 사상은 『도덕경』에 집약되어 있다. 『도덕경』은 한마디로 **무위자연**(無爲自然)이다. 무위란 '억지로 하지 않음'이고, 자연이란 '자연스러움'이다. 사람은 억지로 하지 않아야 자연스럽다. 자연스러워야 자유롭다. 억지로 하지 않음이란 척하지 않음이다. 척하는 사람은 자신을 번거롭게 하고 수고스럽게 한다. 억지스럽게 만들고 자유롭지 못하게 만든다.

장자 사상은 『장자』에 집약되어 있다. 『장자』는 한마디로 **안명**(安命)이다. 안명이란 '명을 편안히 여김'이다. 명이란 무엇인가. 어쩔 수 없음이다. 어쩔 수 없음이란 그냥 그러함이다. 세상엔 어쩔 수 없는 게 많다. 많이 가지면 어쩔 수 있으리라 착각하기 쉽지만, 현실은 그렇지 않다. 아무리 많이 가진 사람도 어쩔 수 없는 게 있다. 그리하여 장자는 말한다.

'어쩔 수 없는 걸 편안히 여겨라. 그게 살길이다.'

제물(齊物)도『장자』의 핵심 개념이다. 제물이란 만물제동(萬物齊同)의 준말로 '만물이 다 같이 함께함'이다. 저런 사람만 있으면 좋겠다 싶을 때가 있다. 저런 사람은 없으면 좋겠다 싶을 때도 있다. 그리하여 장자는 말한다.

'좋고 싫음과 함께하는 게 자연의 이치다. 좋기만 한 세상은 없다. 싫기만 한 세상도 없다.'

『장자』의 세계관은 **역려과객(逆旅過客)**이다. '세상은 여관이고 인생은 그곳에 잠시 머무는 나그네'라는 뜻이다. 떠도는 나그네의 특징은 무엇일까? 첫째, 여유롭다. 둘째, 미련과 집착이 없다. 셋째, 바라는 게 없다. 넷째, 두려울 게 없다. 다섯째, 자유롭다. 나그네의 삶은 매일이 소풍이다. 장자는 매일 소풍처럼 사는 삶을 **소요유(逍遙遊)**로 개념 짓는다. 소요유란 '슬슬 거닐며 노닒'이다. 소요유의 공통분모가 쉬엄쉬엄 간다는 뜻의 착(辶)이다. 쉬엄쉬엄 사는 삶은 가볍고, 전전긍긍 사는 삶은 무겁다.

망(忘)도『장자』의 주요 개념이다. 망이란 '잊어버림'이다. 살다 보면 쉽게 이해되는 일이 있다. 내 기준에서 당연하고 자연스러운 일이다. 반면 쉽게 이해되지 않는 일도 있다. 내 기준에서 당연하지 않고 부자연스러운 일이다. 이해되지 않는 걸 이해하기란 불가능하다. 불가능한 일에 에너지를 쏟으면 몸도 마음도 쉽게 지친다. 그리하여 장자는 말한다.

'이해되지 않는 건 잊어버려라. 그게 편안한 길이다.'

나만의 기준이 사라지면 이해 못 할 일도 없어진다. 망은 나만의 기준을 잊어버리려는 노력이다.

본성(本性)은 『장자』에서 가장 중요한 개념이다. 본성은 본연지성(本然之性)의 준말로 '본래 그러한 성질'이다. 하늘이 부여한 천성이고, 타고난 인성이다. 본성을 따라 살면 편안하고 거슬러 살면 불안하다. 본성대로 살려면 본성을 알아야 한다. 장자는 묻는다.

'당신이 내일 죽는다고 칩시다. 오늘 당신이 하고 싶은 일은 무엇이오? 당신 본성의 힌트는 거기에 있소.'

본성은 내가 하고 싶은 일이 아니고, 나를 즐겁게 하는 일도 아니다. 나를 편안하게 하는 일이다.

정리하자면 노자는 촌철살인으로 무위자연한다. 장자는 재미난 이야기로 안명과 제물을 논한다. 소요유와 망을 시사하고, 본성을 강조한다. 책을 읽기 전에 이 사실을 기억하면 노장(老莊) 사상을 이해하는 데 조금은 더 수월할 것이다.

부족한 저자의 책이 독자 여러분의 편안한 삶에 기여하길 소망한다. 이 소망을 담아 노자와 장자의 세계로 여러분을 초대한다.

물처럼 유연하게, 공기처럼 가볍게, 자유로운 인생을 위한 고전의 지혜

어쩌다 보니 철학도가 됐다. 자연스레 인생의 진리를 고민하는 시간이 늘었다. 오래 고민했지만 '이것이 진리다!' 싶은 건 없었다. 다만 '이 정도면 진리에 가깝다!' 싶은 건 있었다. 노자와 장자였다.

장자를 공부하며 느낀 바는 이렇다.

첫째, 누구의 삶이든 고충은 있다. 누구에게나 아픔이 있고 상처가 있다. 상상하는 것만으로도 숨이 턱턱 막히는 부담과 불안이 있다. 괴로움과 고통이 있다. 누군가는 인생을 귀양살이에 비유했다. 삶이 늘어날수록 이 비유가 뼈저리게 와닿는다.

둘째, 삶의 목적은 행복에 있지 않다. 목적으로 삼기에 행복은 너무 추상적이다. 어쩌면 큰 불행이 없는 상태가 행복에 가까울지 모른다. 불행한 상황을 살아내면서도 자신을 귀하고 소중히 여기는 사람이 행복할지도 모른다. 그래서 장자는 불행한 현실을 탓하지 않았다. 대신 그 현실을 어떻게 바라볼지 물었다.

셋째, 장자는 잘 먹고 잘사는 법을 말하지 않았다. 부자가 되거나 명예를 얻는 건 장자와 거리가 멀다. 그는 인정받는 삶으로 안내하지도 않고 경쟁에서 이기는 기술을 제공하지도 않았다. 다만 이렇게 물었다.

'당신은 진정 편안합니까?'

장자의 문제의식은 하나다. 어떻게 조금 더 마음 편히 살아갈 것인가.

넷째, 장자는 '받아들임'의 대가였다. 정신과 의사 엘리자베스 퀴블러로스는 사람들이 슬픔을 받아들이는 5단계의 감정 변화를 부정-분노-타협-우울-수용이라고 밝혔다. 우리는 원치 않는 상황에 맞닥뜨렸을 때 부정하거나 분노하기 쉽다. 그러다 타협이나 합리화의 방안을 모색하고 깊은 우울에 빠진다. 마지막 단계는 언제나 수용이다. 장자 철학은 부정에서 수용에 이르기까지의 시간을 단축시켜준다. 장자와 친해지면 무의미한 감정의 소모와 낭비가 줄어든다.

다섯째, 장자는 '생긴 대로 살자'는 주의였다. 네모반듯하게 태어난 사람을 세모난 틀에 맞추려 하면 그는 무척 힘들 것이다. 둥그스름하게 태어난 사람을 별 모양으로 만들려 하면 그는 무척 아플 것이다. 장자는 이런 폭력을 서로 멈추자고 호소했다. 생긴 대로 사는 사람은 주어진 대로 사는 사람이다. 주어진 대로 사는 사람은 편안하다.

여섯째, 장자는 위로와 격려의 철학을 말했다. 세상이 내 뜻대로 되지 않음은 당연한 이치다. 남들을 내 뜻대로 움직일 수 없음은 자연스러운 섭리다. 당연하고 자연스러운 일 앞에서 자신을 탓할 필요는 없다. 내가 못났기 때문이 아니다. 내 노력이 부족했기 때문이 아니다. 그가 잘났기 때문도 아니다. 그의 의지가 투철했기 때문도 아니다. 세상의 많은 일은 '그냥 그런 것'이다. 하늘에서 비가 내리는데 자신을 탓하는 사람은 없다. 가뭄이 들었다고 다른 이를 탓하는 사람도 없다. 장자는 우리 어깨에 살며시 손을 얹는다. 그리고 말한다.

'네 탓이 아니다.'

장자의 철학은 하늘에서 뚝 떨어지지 않았다. 노자로부터 계승됐다. 장자 철학의 가치는 노자에서 물로 형상화되었다. 노자는 말했다.

'최상의 선(善)은 물과 같다.'

선은 우리말로 하면 '잘'이다. 내가 어느 조직에 들어가서 그 조직이 잘 굴러간다면 나는 선한 사람이다. 어떤 친구를 사귀어서 내 삶이 잘 풀린다면 그 친구는 선한 친구다. 물처럼 살았더니 인생이 최고로 잘 풀렸다면 물은 최상의 선이다.

물에는 몇 가지 특성이 있다.

첫째, 위에서 아래로 흐르는 겸손이다. 누구나 정상을 향해 나아갈 때 물은 모두가 꺼리는 낮음을 자처한다. 그래서 물은 미움을 사지 않고 경계의 대상이 되지 않는다.

둘째, 다투지 않는 평화주의다. 흐르는 물이 장애물을 만났다고 대거리하는 경우는 없다. 물은 언제나 조용히 비켜 간다. 어디 한 발자국만 더 와보라며 긴장했던 장애물만 홀로 민망할 뿐이다.

셋째, 모욕을 피해 도망 다니지 않는다. 물에 침을 뱉는 사람도 있고 소변을 보는 사람도 있다. 오물이나 쓰레기를 쏟아붓기도 한다. 그럴 때 물은 '네가 감히 나한테 이럴 수 있느냐'며 나무라지 않는다. 그저 끊임없이 흐르고 흘러 자신을 정화할 뿐이다.

넷째, 작은 틈도 놓치지 않는 세심함이다. 개미구멍으로 새어 나오기 시작한 물이 마침내 둑을 무너뜨린다. 이처럼 물을 닮은 사람은 둑처럼 쌓인 상대방의 마음에 방울방울 스며들다 결국 소통의 길을 튼다. 소통은 미묘한 디테일도 놓치지 않는 세심함에서 시작된다.

노자는 인류사에서 다시 찾아보기 힘든 급진주의자였다. 그만큼 개방적이었다. 자연에서 찾아볼 수 없는 행동만 아니라면 어떤 제한도 두지 않았다. 자연이 이유 없이 사람을 괴롭히는 경우는 없다. 노자도 이유 없이 사람을 해치는 경우를 제외한 모든 기준을 제거했다. 때문에 노자와 친해지면 삶이 가벼워진다. 불필요한 기준들이 대거 사라진다. 나를 힘들게 하고 다른 이를 괴롭게 하는 아집에서 해방된다.

니체가 신을 쏴 죽였다면 노자는 신이 존재할 수 있는 시스템 자체를 붕괴시켰다. 니체는 일단 신을 인정한 뒤 신은 죽었다고 선언했다. 그러나 노자는 신을 신이라고 부르는 순간 신은 신이 될 수 없음을 지적했다. 노자는 보이지 않고 들리지 않는 것에 집착하지 않았다. 보고 듣고 냄새 맡고 만질 수 있는 현실에 집중하며 상식을 주문했다.

노자와 장자는 기득권에 반발했다. 정확히는 기득권의 횡포를 부정했다. 노장에서 세상만사는 사람의 의지와 노력에만 달려있지 않다.

예를 들어 우물을 판 사람이 소유권을 주장하며 목마른 자가 우물물을 마시려 할 때마다 머리채를 휘어잡는다고 생각해 보라. 전형적인 기득권의 횡포다. 이때 노자는 묻는다.

'땅이 돕지 않았더라면 한 방울의 물이라도 솟아났겠는가?'

노자와 장자는 감사의 철학이다. 나도 열심히 했지만, 주변과 하늘도 도왔다고 생각하는 사람은 매사 감사히 여긴다. 자신의 성과에 연연하며 횡포를 부리지 않는다. 반면 오로지 내 노력과 의지로 성취했다고 자신하는 사람은 곧 감사를 망각한다. 감사를 잊는 순간 교만이 싹튼다. 교만은 인생에 망조가 드는 지름길이다.

한 권의 책에 노장의 지혜를 모두 담을 순 없다. 하지만 노장이 오늘날을 살아가는 우리에게 전하는 감사와 희망, 그리고 용기를 담을 순 있다. 감사하는 사람의 삶에선 늘 희망이 샘솟는다. 희망을 지닌 사람은 용기를 발휘한다.

이 책을 펼친 여러 독자분께 마음 깊이 감사드린다. 저자가 부족함을 무릅쓰고 진심으로 전하는 용기와 희망, 위로와 격려가 이 책에 담겼다. 그것이 여러 독자분의 삶에 작은 기쁨과 편안함의 씨앗이 되기를 희망한다.

초록이 만개한 북한산 자락에서

제갈건

들어가기에 앞서 긍정과 감사의 철학, 『도덕경』과 『장자』에 대하여 5

들어가는 말 물처럼 유연하게, 공기처럼 가볍게, 자유로운 인생을 위한 고전의 지혜 9

제1부 내려놓기 – 비교할수록 불행해지는 세상으로부터

《1》 곤과 붕 세상에 변하지 않는 것은 없다 20

《2》 호접지몽 모든 가치는 상대적이고 주관적인 것 28

《3》 백정의 칼 비판을 위한 비판의 어리석음 36

《4》 새옹지마 때로는 무용함이 유용함보다 낫다 44

《5》 감정의 총량 행복과 불행은 정비례 관계 52

《6》 무위 태어났으니 그냥 산다 59

《7》 무지무욕 보고 듣고 비교할수록 불행한 세상 67

《8》 자정 작용 비워낼수록 넉넉해지는 기적 75

제2부 **둘러보기** – 사소한 것들에 휘둘리지 않는 지혜를 찾아서

《 9 》 **목수의 지혜** 고수는 계획을 고집하지 않는다 84

《10》 **매도매독** 작은 만족이 행복의 시발점 92

《11》 **상선약수** 욕심이 없는 마음은 훔칠 수 없다 100

《12》 **지, 욕, 작위** 가벼운 인생을 위해 멀리해야 할 것들 108

《13》 **안지약명** 안 되는 일에 전전긍긍하지 않는다 116

《14》 **태풍의 눈** 칭찬이나 비난에 흔들리지 않는 고요 124

《15》 **시의적절** 방향이 잘못된 노력은 적중하지 못한다 132

《16》 **서여기인** 멈출 줄 알아야 오래 간다 140

《17》 **빈곤의 미학** 없음으로 바뀔 때 쓸모가 생긴다 147

《18》 **기의 깨우침** 다름에는 틀림이 없고 우열이 없다 154

《19》 **지락무락** 영원한 즐거움이라는 망상 163

《20》 **심재좌망** 두려움을 없애는 망각의 힘 170

《21》 **계곡의 신** 인생에 오르막길만 있는 사람은 없다 178

《22》 **벌거벗음** 잘하는 사람은 꾸미지 않는다 187

《23》 **현동** 함부로 이해하는 척하지 않기 196

제3부　채우기 - 눈치 보지 않는 당당한 인생으로

《24》 **무위와 무명**　오만과 편견의 껍데기를 벗어내며　206

《25》 **상통과 공감**　입은 다물고 귀는 기울인다　214

《26》 **각양각색**　평범함이 가장 특별하다　222

《27》 **우환의 덫**　눈치 보지 않고, 시중들지 않는 당당한 인　232

《28》 **주관과 객관**　굽힐 줄 아는 사람이 진짜 강한 사람　240

《29》 **본말전도**　배움의 목적은 성공이나 돈이 아니다　248

《30》 **경세제민**　부는 아무리 채워도 채우지 못한다　259

《31》 **진실함**　순수가 결여된 가짜 노력의 한계　266

《32》 **천성**　하늘의 그물은 넓지만 빠뜨리지 않는다　273

《33》 **경위본말**　높을수록 낮은 곳으로 임하는 어른의 자세　280

《34》 **무소부재**　누구의 인생도 틀리지 않다　288

제1부

내려놓기

비교할수록 불행해지는 세상으로부터

1

곤과 붕

세상에 변하지 않는 것은 없다

도道를 도라고 말할 수 있다면 진정한 도가 아니며
이름을 붙일 수 있다면 진정한 이름이 아니다.

──

도가도(道可道) 비상도(非常道) 명가명(名可名) 비상명(非常名)

_『도덕경』

북녘 검푸른 바다에 물고기가 있으니 그 이름을
'곤鯤'이라고 한다.
곤의 길이는 몇천 리가 되는지 알 수가 없다.
그것이 변화하여 새가 되니 그 이름을 '붕鵬'이라고 한다.
붕의 등 넓이도 몇천 리가 되는지 알 수 없다.
붕이 세차게 날아오르면 그 날개는 하늘에 드리운
구름과도 같다.
이 새는 태풍이 불어 바다가 움직이면 남녘 검푸른 바다로
날아가려 한다.

북명유어(北冥有魚) 기명위곤(其名爲鯤) 곤지대(鯤之大) 부지기기천리야(不知其幾千里也)

화이위조(化而爲鳥) 기명위붕(其名爲鵬) 붕지배(鵬之背) 부지기기천리야(不知其幾千里也)

노이비(怒而飛) 기익약수천지운(其翼若垂天之雲)

시조야(是鳥也) 해운즉장사어남명(海運則將徙於南冥)

_『장자』「소요유(逍遙游)」

◆ 크기를 가늠할 수 없는 존재

아이를 키우다 보니 새롭게 깨닫는 부분이 많다. 하루가 다르게 자라는 아이의 모습은 경이롭다. 키가 자라고 걸음마를 시작하는 외적인 변화가 눈에 띈다. 자기 의사를 표현하고 조금씩 말귀를 알아듣는 내적 변화도 놀랍다.

한자어 중에는 비슷한 의미를 가진 두 글자가 하나의 단어처럼 쓰이는 경우가 많다. 예컨대 원앙(鴛鴦)에서 원(鴛)은 수컷 원앙을, 앙(鴦)은 암컷 원앙을 가리킨다. 목이 긴 기린(麒麟)은 수컷 기린을 기(麒), 암컷 기린을 린(麟)이라 부른다. 등에 혹이 볼록한 낙타(駱駝)도 낙(駱)이 수컷, 타(駝)가 암컷이다. 변화(變化)도 이러한 합성어다. 겉으로 드러나는 성장은 변(變)의 영역이고, 내면의 성숙은 화(化)의 영역이다.

『장자』「소요유」에는 이런 대목이 있다.

북녘 검푸른 바다에 물고기가 있으니 그 이름을 '곤'이라고 한다. 곤의 길이는 몇천 리가 되는지 알 수가 없다.
그것이 변화하여 새가 되니 그 이름을 '붕'이라고 한다. 붕의 등 넓이도 몇천 리가 되는지 알 수 없다. 붕이 세차게 날아오르면 그 날개는 하늘에 드리운 구름과도 같다. 이 새는 태풍이 불어 바다가 움직이면 남녘 검푸른 바다로 날아가려 한다.
… (중략) …
붕이 남녘 바다로 날아갈 때에는 물을 쳐서 삼천 리나 튀게 하고, 회오리바람을 타고 빙글빙글 돌며 구만 리 꼭대기까지 올라간 뒤 육 개월을 날아가서야 쉬게 된다.

곤은 크기를 헤아릴 수 없는 물고기다. 어마어마한 물고기 곤은 무궁무진한 잠재력을 지녔다. 하지만 아직은 북녘 바다에 잠겨 있을 수밖에 없는 처지다. 동양에서 북쪽은 겨울, 즉 추위와 시련을 상징한다. 뜻대로 하고 싶은 게 많지만, 뜻대로 되지 않는 게 곤의 비애다.
　어느 날 물고기 곤이 갑자기 붕이라는 새로 바뀐다. 붕새는 너무도 크다. 웬만한 바람에는 몸을 실을 수 없다. 강력한 태풍이 불어야 비로소 날갯짓을 시작한다. 그렇게 붕새는 하늘 가득 드리운 구름처럼 거대한 날개를 펼친다. 그리고 남녘 바다를 향해 날아간다. 동양에서 남쪽은 여름, 즉 따뜻함과 번영의 상징이다. 남쪽으로 날아가는 붕새의 모습은 꿈을 향해 날갯짓하는 우리의 모습과 닮았다.

큰 몸집만큼이나 붕새의 비행술은 예사롭지 않다. 양 날개로 해수면을 쳐서 삼천 리나 튀게 한다. 바람을 타고 빙글빙글 돌며 구만 리 상공까지 치고 올라간다. 그렇게 북녘 바다의 상공을 떠난 붕새는 쉬지 않고 육 개월을 날아간다. 그 뒤에야 비로소 크게 한숨을 내쉰다. 구만 리는 오늘날의 거리 개념으로 약 $35,345km$이다. 붕새는 아득한 우주까지 치고 올라가는 셈이다.

『장자』를 처음 볼 때였다. SF소설에나 나올 법한 이야기들이 혼란스러웠다. 게다가 물고기 곤과 붕새의 이야기는 『장자』의 가장 첫머리다. 전공이 아니었다면 책장을 도로 덮었을지 모른다. 교수님과 선배들은 '이 구절을 통해 장자가 가졌던 상상력의 스케일을 엿볼 수 있다'라고 말했으나, 이 설명도 쉽게 납득이 되지 않았다. 도대체 물고기 곤과 붕새를 통해 장자가 하고 싶었던 말은 뭐였을까. 고민 끝에 내린 결론은 결국 '**화(化)**', 한 글자였다.

◆ 변화를 추구하는 사람의 네 가지 마음가짐

동양철학과 서양철학의 큰 차이점은 변화를 바라보는 시각에 있다. 서양철학은 고정불변의 실체를 부정하지 않는다. 플라톤의 이데

아가 대표적이다. 반면 동양철학은 모든 변화를 긍정하고 수용한다. **'변하지 않는 유일한 진리는 무엇인가. 모든 것은 끊임없이 변한다는 사실뿐이다.'** 이 격언은 동양의 사유를 잘 대변한다.

아이는 어릴 때가 가장 귀엽고 예쁘다고 한다. 만일 세월이 흘러도 아이가 유년기의 특성을 벗어나지 못한다면 어떨까. 부모는 근심하고, 그 아이의 삶은 끝내 불행해질 것이다. 만약 모든 사람이 늙지도 죽지도 않는다면 어떨까. 세상은 혼돈의 도가니에 빠질 것이다. 그래서 장자는 당부한다. 어마어마한 물고기가 어마어마한 새로 바뀌는 변화를 보더라도 놀라지 말 것을. 설령 내 기준에서 용납하기 어려운 변화를 맞닥뜨리더라도 그저 담담해질 것을.

헤르만 헤세의 소설 『데미안』에는 이런 대목이 있다.

"새는 알에서 나오려고 투쟁한다. 알은 세계이다. 태어나려는 자는 하나의 세계를 깨뜨려야 한다. 알에서 나온 새는 신에게로 날아간다. 신의 이름은 압락사스."

장자식으로 이 대목은 이렇게 다가온다.

"사람은 살아가려고 투쟁한다. 삶은 변화다. 살아가려는 자는 하나의 변화를 마주해야 한다. 변화한 사람은 신에게로 날아간다. 신의 이름은 또 다른 변화."

장자 철학에서 변화란 생명을 가졌다면 피할 수 없는 무언가다. 그러므로 변화를 부정하는 생명은 곧 삶의 원동력을 잃는다. 변화를 포기한 생명은 금세 도태된다. 어차피 헤쳐나가야 할 문제라면 잘 헤쳐나가는 것도 중요하다. 앞으로 어떻게 변화할 것인가. 어떻게 변화를 받아들일 것인가. 이에 대한 힌트는 붕새의 비행술에 있다.

붕새의 비행술에는 크게 다섯 가지 특징이 있다. 첫째, 젖 먹던 힘까지 짜내 있는 힘껏 날아오름. 둘째, 날개로 삼천 리 높이의 물을 튀겨 누구나 알아차릴 수 있게 함. 셋째, 빙글빙글 돌며 나아가는 여유를 가짐. 넷째, 구만 리에 이르도록 꾸준히 계속함. 다섯째, 오랜 비행 끝에는 반드시 휴식을 취함.

붕새의 비행술에는 변화를 추구하려는 사람의 마음가짐이 담겨있다. 누군가의 변화를 애타게 기다리며 지켜보는 사람도 붕새의 비행술을 눈여겨볼 필요가 있다. 있는 힘을 다해 변화를 지지하기. 작은 변화라도 민감하게 알아차려 주기. 느리더라도 여유를 갖기. 꾸준히 응원하기. 적절한 휴식을 통해 먼저 지치지 않기. 변화하려는 사람과 변화를 바라보는 사람의 마음이 줄탁동시(啐啄同時)[1]의 순간을 만날 때, 이때 잘된 변화는 가능하다.

◆ **붕의 마음으로 꾸준히 나아간다**

『도덕경』의 첫머리에는 이런 대목이 있다.

---

[1] 불교 선종의 화두다. 병아리는 안에서 쪼고, 어미 닭은 밖에서 쫀다. 그러다 병아리와 어미 닭의 부리 끝이 맞부딪친다. 병아리가 태어나는 순간이다. 변화의 계기를 뜻한다.

도를 도라고 말할 수 있다면 진정한 도가 아니다.

이름에 이름을 붙일 수 있다면 진정한 이름이 아니다.

이 대목에 대해서는 해석이 분분하지만, 변화라는 측면에 주목해보면 다음과 같이 재해석할 수 있다.

"변화하지 않는 진리가 있다면 진정한 진리가 아니다. 변화하지 않는 이름이 있다면 진정한 이름이 아니다."

세상이 변하면 진리도 변해야 한다. 한번 훌륭한 진리로 자리매김했다고 시대와 상황을 무시할 순 없다. 어떤 진리도 영원히 훌륭한 진리로 여겨질 순 없다. 이름도 마찬가지다. 누군가 나쁜 짓을 저질렀다고 해서 그를 영원히 나쁜 사람이라 부를 순 없다. 그가 마음을 고쳐먹고 착한 사람이라는 이름을 목말라 할 가능성이 있기 때문이다.

세상도 변하고 사람도 변한다. 물고기에서 새가 되는, 눈이 휘둥그레질 만한 변화도 있다. 주의를 기울이지 않으면 알아차리기 어려운, 작지만 꾸준한 변화도 있다. 추위와 시련 속에 잠겨 있던 곤이 번영의 땅을 향해 비상하는 붕으로 변화하기도 한다. 구만 리 상공에서 노닐던 붕이 곤두박질해 어두컴컴한 심해 속 곤으로 변화하기도 한다.

중요한 것은 어떤 변화를 추구하고 이룩하느냐다. 겉으로 드러나는 변은 비교적 빠르고 쉽게 성취할 수 있다. 그러나 내면의 화는 최선과 인정, 여유와 공감, 꾸준함과 응원, 적절한 휴식이 없다면 도모하기 어렵다. 외모를 꾸미긴 어렵지 않으나 인격을 가꾸긴 어려운 것과 같은 이치다.

사람에게 화란 인격의 변화를 뜻한다. 붕새의 마음가짐은 자신의 인격을 더 낮게 변화시키려는 사람에게도 필요하다. 누군가의 인격이 더 좋게 변화하기를 바라는 사람에게도 필요하다. 붕의 마음으로 화를 추구하길 멈추지 않는다면 삶은 더 나은 세계로 발돋움할 수 있다.

2

호접지몽
모든 가치는 상대적이고 주관적인 것

있음과 없음은 서로 살게 해주고,
어려움과 쉬움은 서로 이뤄주며,
길고 짧음은 서로 견주고, 높음과 낮음은 서로 기울이며,
음과 성은 서로 조화를 이루고, 앞과 뒤는 서로 따르니,
이는 세계의 항상 그러한 모습이다.

—

유무상생(有無相生) 난이상성(難易相成) 장단상교(長短相較) 고하상경(高下相傾)

음성상화(音聲相和) 전후상수(前後相隨) 항야(恒也)

_『도덕경』

옛날에 장주가 꿈에 나비가 되었다.
펄펄 경쾌하게 잘도 날아다니는 나비였다.
스스로 유쾌하고 뜻대로 되어 아무런 어색함도 없이
자연스러웠던지라 스스로 장주임을 알지 못했다.
이윽고 화들짝 꿈에서 깨니

갑자기 다시 장주가 되어 있었다.

—

석자장주몽위호접(昔者莊周夢爲胡蝶) 허허연호접야(栩栩然胡蝶也)

자유적지여(自喻適志與) 부지주야(不知周也)

아연교(俄然覺) 즉거거연주야(則蘧蘧然周也)

_『장자』「제물론(齊物論)」

◆ 영원한 꿈도 현실도 없다

'꿈인지 생시인지 모르겠다.'

일상에서 종종 쓰는 표현이다. 지금 내가 처한 상황이 꿈인지 현실인지 증명하기란 쉽지 않다. 어느 글로벌 기업 CEO는 이렇게 말했다.

"우리가 발을 딛고 살아가는 이 세상 말입니다. 그게 가상현실이 아닐 가능성은 수십억분의 일 정도일지 모릅니다."

대다수 우리는 꿈인지 현실인지 모를 순간들을 어쨌든 살아가고 있다. 수천 년도 더 전에 살았던 장자도 오늘날의 우리와 별반 다르지 않았던 것 같다.

『장자』「제물론」에는 그 유명한 장자의 꿈 이야기가 등장한다.

옛날에 장주가 꿈에 나비가 되었다. 펄펄 경쾌하게 잘도 날아다니는 나비였다. 스스로 유쾌하고 뜻대로 되어 아무런 어색함도 없이 자연스러웠던지라 스스로 장주임을 알지 못했다. 이윽고 화들짝 꿈에서 깨니 갑자기 다시 장주가 되어 있었다.

그러니 알 수가 없다. 장주의 꿈에서 장주가 나비가 되었던 것인가, 나비의 꿈에서 나비가 장주가 되었던 것인가? 장주와 나비에는 반드시 구별이 있을 것이다. 이러한 것을 만물의 조화라고 한다.

영원한 꿈도 현실도 없는 게 이 세상이다. 어느 순간 장자는 깜짝 놀라 잠에서 깨어 나비에서 사람의 모습으로 돌아온 자신을 발견했다. 그리고 골똘히 생각에 잠겼다.

'조금 전까지 나는 스스로를 나비라고 생각했다. 그런데 지금은 다시 장자로 돌아왔다. 어찌 된 일인가? 내가 잠시 나비가 되는 꿈을 꿨던 것인가. 아니면 나비가 나로 변한 꿈을 아직도 꾸고 있는 것인가. 알 길이 없다. 그럼에도 나비와 나(장자) 사이엔 분명 다른 점이 있을 것이다. **다르지만 닮은 모습들. 어쩌면 세상 만물의 조화로움은 거기에 있을지 모른다.**'

이 대목은 **호접지몽(胡蝶之夢)**의 유래로 익숙하다. 호접지몽이란 '나비에 관한 꿈'이라는 뜻으로 「제물론」의 대미를 장식한다. 제물(齊物)이란 '세상 만물을 하나로 뭉뚱그려 가지런히 한다'는 뜻이다. 장자 철학에서 물(物)이란 단순한 사물(thing)이 아니다. 그보단 사태

(event)에 가깝다. 장자는 사물과 사태 가운데 왜 사태에 주목할까. 사태가 사물보다 구체적인 개념이기 때문이다.

◆ 우리는 모두 한 치도 다르지 않다

살다 보면 정말 문제가 되는 것들이 있다. 그런데 사물 그 자체가 문제인 경우는 적고, 사태가 문제인 경우는 많다. 예컨대 돈 그 자체는 사람에게 아무런 고통을 주지 않는다. 필요한 순간에 돈이 충분치 못한 사태가 괴로울 뿐이다. 신호등이나 엘리베이터가 사람을 괴롭히는 경우는 없다. 약속에 늦게 되는 사태가 두려울 뿐이다.

장자는 삶에서 시시각각 맞닥뜨리는 사태들을 **시비호오**(是非好惡)의 네 가지 기준으로 분류했다. 시비호오란 '옳고 그름, 좋고 나쁨'이라는 뜻이다. 대체로 시비는 당위의 영역이고, 호오는 취향의 범주다. '그래도 될까?', '저래도 되나?', '그럼 안 되지!' 이러한 생각을 유발하는 상황은 시비의 영역이다. '하고 싶다', '하기 싫다'는 생각을 유발하는 상황은 호오의 영역이다.

옳거나 그르다고 생각되는 사태는 늘 발생한다. 좋거나 나쁘다고 여겨지는 사태도 누구에게나 있다. 장자는 시비호오의 사태들이 입장에 따라 상대적임에 주목했다. 예컨대 테러로 사상자가 발생할 수 있다. 이런 상황에서 희생자들은 테러가 잘못됐음을 규탄할 것이다.

테러를 일으킨 쪽의 입장은 어떨까. 자신들이 옳다고 여기는 신념 때문에 어쩔 수 없는 선택을 했다며 항변할 것이다. 좋거나 나쁜 사태도 입장에 따라 달라짐은 마찬가지다. 우연히 눈에 띈 보석은 그걸 주운 사람에게는 횡재가 될 수 있다. 그러나 흘린 사람에게는 악재가 될 가능성이 높다.

입장은 관점에서 생겨나고, 관점은 기준에 따라 달라진다. 그리고 기준이란 늘 상대적이며 불완전하다. 그래서 장자는 옳고 그름과 좋고 나쁨의 기준이 사라진 세상을 꿈꿨다. 바로 제물의 세상이다. **제물의 세상이란 주관적이며 상대적인 기준들이 사라진 세상이다.** 그렇게 사람들의 마음이 하나 된 세상이다.

『장자』「덕충부(德充符)」에는 이런 대목이 있다.

서로 다른 점으로 본다면 어떠한가.
한 몸속의 간과 쓸개도 초(楚)나라와 월(越)나라처럼 다르다.
서로 같은 점으로 본다면 어떠한가.
만물은 모두 하나다.

이념을 기준으로 보면 어떠한가. 국경을 맞댄 남북한도 한없이 멀다. 말과 풍습을 기준으로 보면 어떠한가. 남북한은 한겨레다. 피부색을 기준으로 보면 어떠한가. 동양과 서양은 한없이 멀다. 희로애락을 느끼는 사람임을 기준으로 보면 어떠한가. 동양인과 서양인은 한 치도 다르지 않다. 곤충과 사람이라는 점에서 보면 어떠한가. 나비와 장자는 크게 다르다. 소중한 생명이라는 점에서 보면 어떠한가. 조금도 다를 게 없다.

꿈과 현실은 무척 달라 보인다. 하지만 꾸게 된 이상 마음대로 멈출 수 없고 태어난 이상 살아내야 한다는 점에선 일치한다.

무엇이 옳고 그른지 따지기보다 중요한 게 있다. 최선을 다해 주어진 현실을 살아내는 일이다. 무엇이 좋고 나쁜지 고민하기보다 가치 있는 게 있다. 꿈을 계속 꾸는 일이다. 각자가 처한 상황은 다를 수 있다. 각자의 꿈도 다를 수 있다. 하지만 나름의 꿈을 안고 이를 악물며 버텨나간다는 점에서 우리 모두는 한 치도 다르지 않다.

◆ 모든 것을 가진 사람도, 아무것도 가지지 못한 사람도 없다

『도덕경』에는 이런 대목이 있다.

있음과 없음은 서로 살게 해주고,
어려움과 쉬움은 서로 이뤄주며,
길고 짧음은 서로 견주고, 높음과 낮음은 서로 기울이며,
음과 성은 서로 조화를 이루고, 앞과 뒤는 서로 따르니,
이는 세계의 항상 그러한 모습이다.

무엇을 얼마나 가졌는가를 기준 삼으면 우리는 모두 다르다. 그러나 세상엔 모든 것을 가진 사람도 없고, 아무것도 가지지 못한 사람도 없다는 점에서 우리는 하나가 된다.

어려운 문항과 쉬운 문항을 다 풀어내야 하는 것이 시험이다. 어렵기만 하거나 쉽기만 한 시험은 시험의 가치가 없다. 평가도 무의미하다.

거인들만 사는 나라에 가면 농구선수도 소인이 된다. 소인들만 사는 나라에 가면 난쟁이도 거인 취급을 받는다.

아무리 높은 산도 하늘에 비하면 낮다. 아무리 깊은 강도 바다에 비하면 얕다. 그렇다고 산과 강이 무의미한 건 아니다.

사람의 말소리, 지저귀는 새소리, 바람이 부는 소리는 저마다 다르다. 하지만 모두 모여 대자연의 합창이 된다는 점에선 일치한다.

사람들은 언제나 앞서거니 뒤서거니 한다. 영원히 앞선 사람도 없고 영원히 뒤처진 사람도 없다. 때로는 저 멀리 뒤처진 사람이 선두로 치고 나오기도 한다. 도저히 따라잡을 수 없을 만큼 거침없이 내달리던 사람이 별안간 추락하기도 한다.

있음과 없음, 어려움과 쉬움, 길고 짧음, 높음과 낮음, 음과 성, 앞과 뒤는 어떠한가. 주관적이며 상대적인 가치들이다. 노자는 이러한 가치들이 한데 어우러져 공존하고 있는 모습에 주목했다. 그것이야말로 세상의 항상 그러한 모습임을 강조했다.

중요한 것은 세상의 조화와 균형이다. **전혀 달라 보이는 가치들. 정반**

대인 듯한 가치들. 이들 모두가 어우러져 세상의 조화와 균형에 이바지한다.
그럴 때 모든 가치는 하나의 보편적인 가치가 된다. 있음은 옳고, 없음은 그른 세상은 어떤 모습일까. 있음은 없음을 억압한다. 없음은 있음에 반발한다. 그러느라 하루도 조용할 날이 없다.

있음은 좋고 없음은 나쁜 세상은 어떤 모습일까. 있음은 없음을 무시한다. 없음은 있음을 시기한다. 그러느라 한시도 아름다울 순간이 없다.

조화의 세계에선 있음이 없음을 품어준다. 없음은 있음을 빛나게 해준다. 이로써 하나가 된다. 노자와 장자가 꿈꿨던 상생과 제물의 세상은 이런 모습이 아니었을까? 조심스레 생각해 본다.

백정의 칼
비판을 위한 비판의 어리석음

장차 거두어들이고 싶다면 반드시 먼저 베풀어야 한다.
장차 약화시키고 싶다면 반드시 먼저 강화시켜야 한다.
장차 무너뜨리고 싶다면 먼저 잘되게 도와주어야 한다.
장차 뺏고 싶다면 먼저 주어야 하며 이를 지혜라고 한다.
부드럽고 약한 것이 굳세고 강한 것을 이긴다.
고기는 물을 떠날 수 없고, 나라의 날카로운 도구로는
사람들을 교화시킬 수 없다.

——

장욕흡지(將欲歙之) 필고장지(必固張之) 장욕약지(將欲弱之) 필고강지(必固强之)

장욕폐지(將欲廢之) 필고흥지(必固興之) 장욕탈지(將欲奪之) 필고여지(必固與之)

시위미명(是謂微明) 유약승강강(柔弱勝剛强)

어불가탈어연(魚不可脫於淵) 국지리기불가이시인(國之利器不可以示人)

_『도덕경』

솜씨 좋은 백정은 일 년에 한 번 칼을 바꾸는데

살코기를 베기 때문입니다.

보통의 백정은 한 달에 한 번 칼을 바꾸는데

뼈를 치기 때문입니다.

지금 제가 쓰는 칼은 19년 동안 수천 마리의 소를 잡았는데도

칼날이 마치 숫돌에서 막 새로 갈아낸 듯합니다.

뼈마디에는 틈이 있지만, 칼날 끝에는 두께가 없습니다.

두께가 없는 것을 가지고 틈이 있는 사이로 들어가기 때문에

넓고도 넓어서 칼날을 놀리는 데 반드시 남는 공간이 있게

마련입니다.

―――

량포세경도(良庖歲更刀) 할야(割也)

족포월경도(族庖月更刀) 절야(折也)

금신지도지십구년의(今臣之刀十九年矣) 소해수천우의(所解數千牛矣)

이도인약신발어형(而刀刃若新發於硎)

피절자유간(彼節者有間) 이도인자무후(而刀刃者無厚)

이무후입유간(以無厚入有間) 회회호기어유인필유여지의(恢恢乎其於遊刃必有餘地矣)

_『장자』「양생주(養生主)」

◆ 날카로운 비판보다 알맞은 비판을

비판 능력은 사람에게 매우 중요하다. 비판 능력을 가진 사람은 무엇이 잘못됐는지 판단하고 수정을 요구함으로써 사회발전에 공헌한다. 인간 사회가 짐승 무리보다 낫다고 판단할 수 있는 근거는 바로 힘이 아닌 논리로 서로를 비판함에 있다.

그렇다면 비판적 사고는 마냥 좋은 것일까? 안타깝게도 늘 좋지만은 않다. 세상에 비판하는 일을 즐기는 사람은 많지만 비판받는 것을 달가워하는 사람은 적다. 비판이란 하기는 쉽고 받기는 어렵다. 그래서 매사 비판적인 사람은 자칫 외로워지기 쉽다. 그런 사람에게는 설명하기 힘든 부정적 기운마저 감돈다.

『장자』 「양생주」에는 비판에 대해 생각해 볼 만한 백정 이야기가 등장한다.

소 잡는 포정(庖丁)이 문혜군(文惠君)을 위해 소를 잡은 일이 있다. 백정이 소를 잡는 솜씨는 도축이라기보다 예술에 가까웠다. 백정의 손이 닿는 곳마다 뼈와 살이 떨어져 나갔다. 언제 붙었던 적 있었냐는 듯했다. 춤추는 백정의 칼은 음률에서 벗어남이 없었다. 어깨를 기대거나 발로 밟고 무릎으로 누르는 백정의 동작은 숙련된 무용수의 춤과 같았다. 이 광경을 멍하니 지켜보던 왕은 감탄하며 어떻게 그런 재주를 갖게 되었는지 물었다. 그러자 백정은 칼을 내려놓고 답했다.

"제가 좋아했던 것은 도(道)가 재주를 앞서는 일이었습니다. 처음 제가 소를 잡기 시작했을 땐 눈에 보이는 것이 온통 소뿐이었습니다. 그렇게 3년이 지났지만 완전한 소를 보지 못했습니다. 지금은 정신으로 소를 대할 뿐입니다. 눈으로 보진 않습니다. 감각의 작용을 멈추고 정신을 따라 움직입니다. 그저 자연의 이치를 따라서 큰 틈새를 칩니다. 큰 구멍을 통해 칼을 집어넣습니다. '원래 그러한 바'를 따라 칼을 씁니다. 그래서 칼날이 힘줄이나 질긴 근육에 닿는 일이 없습니다."

백정의 말은 이어졌다.

"솜씨 좋은 백정은 일 년에 한 번 칼을 바꾸는데 살코기를 베기 때문입니다. 보통의 백정은 한 달에 한 번 칼을 바꾸는데 뼈를 치기 때문입니다. 지금 제가 쓰는 칼은 19년 동안 수천 마리의 소를 잡았는데도 칼날이 마치 숫돌에서 막 새로 갈아낸 듯합니다.

뼈마디에는 틈이 있지만, 칼날 끝에는 두께가 없습니다. 두께가 없는 것을 가지고 틈이 있는 사이로 들어가기 때문에 넓고도 넓어서 칼날을 놀리는 데 반드시 남는 공간이 있게 마련입니다. 이 때문에 19년이 되었는데도 제 칼날은 마치 숫돌에서 막 새로 갈아낸 듯합니다."

비판과 비슷한 말이 있다. 재단(裁斷)이다. 재단의 목적은 무언가를 알맞게 하려는 데 있다. 철저한 재단 작업을 거쳤지만 도리어 무언가를 못 쓰게 됐다면 어떨까. 그것은 실패한 재단이다. 옷을 손질하는 재단사가 나름의 노하우로 최선을 다했지만 옷이 고객의 몸에 헐겁거나 꽉 낀다면 어떨까. 그 옷은 입을 수 없는 애물단지나 마찬가지다.

비판도 마찬가지다. **예리한 생각과 허를 찌르는 말로 비판함보다 더 중요한 게 있다. 비판의 대상을 조금이라도 더 알맞게 만드는 것이다.** 그러므로 좋은 비판은 상황에 알맞은 비판이다. 멋진 비판은 상대의 마음을 움직이는 비판이다. 그래서 그를 알맞은 상황으로 이끄는 비판이다.

◆ 스스로에게도 존중과 배려의 비판을

눈에 보이는 것만을 비판하는 사람들이 있다. 이들은 칼을 처음 쥔 백정과 같다. 이들은 용모나 옷매무새의 흐트러짐 등 겉으로 드러나 보이는 것을 비판한다. 보이지 않는 정신을 비판하는 사람들이 있다. 이들은 칼을 손에 쥔 지 3년쯤 된 백정과 같다. 이들은 사람의 건전하지 못한 정신을 비판한다.

상대방의 정신을 존중하고 수용하려고 애쓰는 사람들도 있다. 이들은 솜씨가 예술의 경지에 다다른 백정과 같다. 이들은 처한 입장과 보는 관점에 따라 정신이 달라질 수 있음을 안다. 또 시대에 따라 정신이 달라질 수 있음을 안다. 이들의 정신은 자유롭다. 그래서 모든 가능성을 긍정한다. 다양성을 못마땅하게 여기는 생각까지 받아들이려 한다. 다양성의 진짜 의미를 아는 이들이다.

사회복지를 처음 배울 때였다. 교수님이 말했다.

"사회복지는 과학이자 예술입니다. 과학은 투철한 이성을 대변합니다. 예술은 관대한 시선을 상징합니다. 여러분에게 풍부한 지식이 생기길 바랍니다. 그와 함께 따뜻한 마음도 깃들길 바랍니다."

이 말을 듣고 사회복지 배우길 잘했다는 생각이 들었다.

『도덕경』에는 이런 대목이 있다.

> 사람은 땅을 본받는다. 땅은 하늘을 본받는다.
> 하늘은 도를 본받는다. 도는 자연을 모범으로 삼는다.

자연의 특징은 원래 그런 것들을 억지로 바꾸려 하지 않음이다. 아무 비판을 않고 세상을 살아가기란 어렵다. 비판은 사람의 숙명일지도 모른다. 하지만 기왕 비판하려면 잘해야 한다.

상대의 원래 그런 부분을 억지로 바꾸려는 비판이 있다. 이런 비판은 잘못된 비판이 되기 쉽다. 이런 비판을 당한 상대로부터는 내가 원하는 변화를 기대하기 어렵다. 상대의 원래 그런 부분이 최대한 자연스러워지도록 유도하는 비판이 있다. 이런 비판은 알맞은 비판이다. 알맞은 비판을 위해 필요한 것은 존중과 배려.

이는 비판의 주체인 자신에게도 적용된다. **자신을 알맞게 비판할 줄 모르는 사람은 다른 사람도 알맞게 비판할 수 없다.** 자신의 원래 그런 모습을 억지로 바꾸려는 사람은 다른 사람의 원래 그런 모습도 억지로 바꾸려 한다.

◆ 비판을 위한 비판을 일삼는 사람들에게

『도덕경』에는 이런 대목도 있다.

> 장차 거두어들이고 싶다면 반드시 먼저 베풀어야 한다.
> 장차 약화시키고 싶다면 반드시 먼저 강화시켜야 한다.
> 장차 무너뜨리고 싶다면 먼저 잘되게 도와주어야 한다.
> 장차 뺏고 싶다면 먼저 주어야 하며 이를 지혜라고 한다.
> 부드럽고 약한 것이 굳세고 강한 것을 이긴다.
> 고기는 물을 떠날 수 없고, 나라의 날카로운 도구로는 사람들을 교화시
> 킬 수 없다.

아무리 예리한 칼이라도 그렇다. 칼을 휘두르는 손에 자연스러운 정신이 깃들지 않았다면 명검이 될 수 없다. 사람도 마찬가지다. 아무리 뛰어난 지성을 가졌더라도 그렇다. **관대한 시선과 따뜻한 마음이 깃들지 않으면 알맞은 비판을 하기 어렵다.**

『장자』「제물론」에는 이런 대목도 있다.

> 저쪽에서 틀렸다고 하는 걸 이쪽에선 맞다 한다.
> 저쪽에서 맞다고 하는 걸 이쪽에선 틀렸다 한다.
> 상대방이 틀렸다는 것을 맞다 하고,

상대방이 맞다는 것을 틀렸다 하려면
밝은 지혜로 하는 게 최상이다.

밝은 지혜의 핵심은 무엇일까. 관대한 시선과 따뜻한 마음일지 모른다. 장자는 밝은 지혜가 결여된 비판을 경계했다. '비판을 위한 비판'이 될 수 있기 때문이다. '주장을 위한 주장'이 될 수 있기 때문이다.

오늘날에는 비판 그 자체가 목적인 비판이 많다. 알맞은 비판으로 자연스러운 세상을 만들 것인가. 비판을 위한 비판과 주장을 위한 주장으로 상처투성이 세상을 만들 것인가. 이에 대한 해답은 어느 백정의 마음가짐에서 배울 수 있을지 모른다.

새옹지마
때로는 무용함이 유용함보다 낫다

재앙이로구나! 거기에는 축복이 기대어져 있다.
축복이로구나! 거기에는 재앙이 잠복해 있다.
누가 그 끝을 알겠는가? 바람직한 것은 없다.

—

화혜(禍兮) 복지소의(福之所倚) 복혜(福兮) 화지소복(禍之所伏)

숙지기극(孰知其極) 기무정(其無正)

『도덕경』

송나라에 형씨荊氏라는 땅이 있는데
가래나무와 잣나무와 뽕나무가 잘 자랐다.
그중 둘레가 한두 아름 이상 되는 것들은
원숭이를 매어 둘 말뚝을 찾는 사람들이 베어 갔다.
서너 아름 정도 되는 것들은
높고 큰 집의 대들보를 찾는 사람들이 베어 갔다.
일고여덟 아름 정도 되는 것들은

귀족이나 부유한 상인의 집에서

관棺의 한쪽이 되는 나무판을 찾는 사람들이 베어 갔다.

—

송유형씨자(宋有荊氏者) 의추백상(宜楸柏桑)

기공파이상자(其拱把而上者) 구저후지익자참지(求狙猴之杙者斬之)

삼위사위(三圍四圍) 구고명지려자참지(求高名之麗者斬之)

칠위팔위(七圍八圍) 귀인부상지가구선방자참지(貴人富商之家求樿傍者斬之)

_『장자』「인간세(人間世)」

◆ 오래 살아남는 나무의 비결

세상에 유용하기보다 무용하길 바라는 사람은 드물다. 어떻게든 남들보다 쓸모 있는 사람이 되길 바라고, 더 나은 대우를 받길 바란다. 물론 이런 마음을 나쁘다고 할 수는 없다. 그런데 최근에는 그 경향이 필요 이상으로 심해진 듯하다. 자신이 무용하다는 생각에 심한 스트레스를 받고 병원을 찾는 사람들이 늘어나는 추세다. 무용한 건 정말 나쁜 걸까? 쓸모 없는 것일까?

『장자』「인간세」에는 유용함과 무용함에 대해 다시 한번 생각하게 만드는 이야기가 나온다.

하루는 남백자기(南伯子綦)라는 사람이 상구(商丘)[2]의 폐허에서 거대한 나무를 발견했다. 이 나무는 말 네 필이 끄는 수레 천 대를 그늘로 덮을 정도였다. 남백자기는 그 나무를 올려다보며 읊조렸다.

"대체 무슨 나무인지 모르겠지만 특별한 쓸모가 있겠지."

남백자기는 가까이 다가가 나무를 자세히 살펴봤다. 먼저 머리를 들어 나뭇가지를 봤다. 모두 꾸불꾸불해서 서까래나 기둥으로 쓰기에 어려웠다. 머리를 숙여 나무의 큰 뿌리를 봤다. 속이 텅 비고 가운데가 갈라져 관을 짜는 데 쓸 수 없었다. 나무의 잎사귀를 혀로 핥아봤다. 금세 불에 데인 것처럼 입이 얼얼해지고 상처도 났다. 나뭇잎을 코에 대고 냄새를 맡아봤다. 그러자 미친 것처럼 취하게 됐다. 그 취기가 사흘이 지나도록 가라앉지 않았다. 남백자기는 이렇게 말했다.

"이 나무는 아무짝에도 쓸모가 없구나. 그래서 이처럼 크게 자라날 수 있었던 것이다."

남백자기가 발견한 나무는 아이러니하다. 아무런 쓸모가 없어서 도리어 큰 쓸모를 얻었다. 장자 철학에서는 이를 **무용지용(無用之用)**이라고 한다. '쓸모없음의 쓸모'라는 뜻이다. **무용대용(無用大用)**이라고도 한다. '쓸모없음의 큰 쓸모'라는 뜻이다.

---

2   송(宋)나라의 수도였던 휴양(睢陽)을 가리킨다. 오늘날의 하남성 상구시다.

『장자』「인간세」에는 형씨라는 땅에서 자라는 나무에 대한 이야기도 나온다.

송나라에 형씨라는 땅이 있는데 가래나무와 잣나무와 뽕나무가 잘 자랐다.
그중 둘레가 한두 아름 이상 되는 것들은 원숭이를 매어 둘 말뚝을 찾는 사람들이 베어 갔다. 서너 아름 정도 되는 것들은 높고 큰 집의 대들보를 찾는 사람들이 베어 갔다. 일고여덟 아름 정도 되는 것들은 귀족이나 부유한 상인의 집에서 관의 한쪽이 되는 나무판을 찾는 사람들이 베어 갔다. 그리하여 이 나무들은 타고난 수명을 다 살지 못하고 도끼에 찍혀 일찍 죽었다.
이것이 재능 있는 것들의 환난이다.

형씨 땅에서 자라는 나무들의 공통점은 모두 유용해서 그 쓸모 때문에 타고난 제 명을 누리지 못했다는 것이다. 유용한 나무들은 중도에 도끼에 찍혀 생을 마감했다. 장자 철학에서는 이를 **재지환**(材之患)이라고 한다. '재능 있는 것들의 환난'이라는 뜻이다. **유용지해**(有用之害)라고도 한다. '쓸모 있음으로 초래되는 재앙'이라는 뜻이다. **무용해서 오히려 큰 쓸모를 얻는다. 유용해서 도리어 곤란을 겪는다.** 이는 나무에만 국한된 일이 아니다.

◆ 쓸모 있고 없음은 결국 마음의 문제

『장자』「인간세」에는 지리소(支離疏)라는 인물이 등장한다.

지리소의 턱은 배꼽 아래에 숨어 있고, 어깨는 이마보다 높이 솟아있었다. 그의 머리꼬리는 하늘을 가리켰고, 오장(五臟)은 배 위쪽에 붙어 있었다. 두 넓적다리는 옆구리에 닿아있었다. 이처럼 몹시 기이한 생김새를 지닌 그는 삯바느질로 근근이 생계를 이어갔다.

그러던 어느 날 나라에서 군인을 소집했다. 많은 청년이 징집됐다. 하지만 지리소는 팔뚝을 걷어붙이고 여기저기를 자유롭게 돌아다녔다. 그는 징집 대상이 아니었기 때문이다. 또 어느 날엔 나라에 큰 일거리가 생겼다. 지리소는 부역에 끌려가지 않았다. 그는 부역 대상이 아니었기 때문이다. 그러던 어느 날엔 나라에서 불구자에게 곡식을 나눠줬다. 지리소는 가장 많은 몫을 차지했다. 지리소는 지극히 무용한 듯 보였으나 그 무용함 덕택에 삶을 보전했다. 덕분에 별 탈 없이 천수를 누렸다.

문득 떠오르는 고사성어가 있다. **새옹지마(塞翁之馬)**. '변방 노인의 말'이라는 뜻이다. 중국 전국 시대 회남왕 안(安)이 빈객들을 모아 편찬한 『회남자(淮南子)』「인간훈(人間訓)」에는 이런 내용이 있다.

화복(禍福)이란 서로 살려주는 것이다. 그 변화를 알아차리기 어렵다.

지략이 뛰어난 노인이 있었다. 그는 국경 가까이에 살았다. 하루는 이 노인의 말이 국경 너머로 달아났다. 오랑캐 땅으로 들어가 버렸다. 마을 사람들이 노인을 위로했다. 노인은 이렇게 말했다.

"머지않아 이 일이 복이 될지 어찌 알겠소?"

몇 달 후 달아났던 노인의 말이 오랑캐 땅의 준마를 데리고 돌아왔다. 마을 사람들이 노인을 축하했다. 노인은 이렇게 말했다.

"머지않아 이 일이 재앙이 될지 어찌 알겠소?"

달아났던 말과 오랑캐 말이 교미하여 노인의 집에는 좋은 말이 많아졌다. 노인의 아들은 평소 말타기를 즐겼다. 하루는 노인의 아들이 말에서 떨어져 넓적다리가 부러졌다. 그렇게 노인의 아들은 불구가 됐다. 마을 사람들이 노인을 위로했다. 노인은 이렇게 말했다.

"머지않아 이 일이 복이 될지 어찌 알겠소?"

몇 년 후 대규모 오랑캐 군사가 국경을 침범했다. 몸이 성한 젊은이들은 모두 전쟁에 나가 싸웠다. 열에 아홉이 죽거나 다쳤다. 하지만 노인의 아들은 멀쩡했다. 전쟁에 나가 싸울 수 없는 상태였기 때문이다.

이처럼 축복이 재앙이 되고 재앙이 축복이 되는 변화는 무궁무진하다. 그 심오한 원리는 예측하기 어렵다.

◆ 무용함의 유용함, 유용함의 무용함

『도덕경』에는 이런 대목이 있다.

재앙이로구나! 거기에는 축복이 기대어져 있다.
축복이로구나! 거기에는 재앙이 잠복해 있다.
누가 그 끝을 알겠는가? 바람직한 것은 없다.

이로부터 **화복무정**(禍福無正)이라는 말이 나왔다. '재앙도 축복도 결코 바람직한 것이 될 수 없다'는 뜻이다.

유용함을 축복으로 생각하기 쉽고, 무용함을 재앙이라 여기기 쉽다. 하지만 이때 놓쳐선 안 되는 게 있다. **바로 유용함으로 무용함을 품어주는 겸손이다.** 이 겸손은 장차 축복의 열쇠가 될 수 있다. 반대로 반드시 경계해야 할 것이 있다. 유용함으로 무용함을 얕잡아보는 교만이다. 이 교만은 장차 재앙의 씨앗이 될 수 있다.

무용함을 자신을 갈고닦는 도구로 여기면 축복의 길이 열릴 수 있다. 그러나 무용함을 한탄하며 유용함을 시샘하면 더 모진 환난의 나날들이 펼쳐질 수 있다. 세상사를 곰곰이 살펴보면 그렇다. 무용해서 큰 쓸모를 얻는 경우도 많고, 유용해서 큰 화를 입는 경우도 많다.

'유용함은 축복이고, 무용함은 재앙이다.' 이런 생각에서 해방된 사람은 자유롭다. 무용함은 무용함대로 쓸모가 있고, 유용함은 유용함대로 아름답다. 이를 아는 사람은 담담하다. 하지만 무용함을 거부하고 유용함만을 추구하는 사람은 매사 바쁘고 조급하다.

쓸모 있음과 쓸모없음을 판가름하는 진짜 기준은 무엇일까. 마음에 충동이 없는 태연자약(泰然自若)으로 삶을 보전할 것인가. 아니면 벌벌 떠는 마음으로 전전긍긍(戰戰兢兢)하다 자신을 잃어버릴 것인가. 쓸모 있고 없고는 어쩌면 세상을 대하는 자신의 마음에서 기인하는지도 모른다.

5

감정의 총량
행복과 불행은 정비례 관계

만물이 끊임없이 살고자만 하면 장차 소멸하게 될 것이다.
통치자가 끊임없이 고귀하고자만 하면
장차 실각하게 될 것이다.
그러므로 고귀함은 비천함을 뿌리로 삼고
높음은 낮음의 기초가 된다.

―

만물무이생(萬物無以生) 장공멸(將恐滅)

후왕무이귀고(侯王無以貴高) 장공궐(將恐蹶)

고귀이천위본(故貴以賤爲本) 고이하위기(高以下爲基)

_『도덕경』

혜자가 다시 물었다.

"사람이면서 감정이 없다면 그게 어떻게 사람이겠소?"

장자가 답했다.

"내가 말하는 감정은 그대가 말하는 감정이 아니오.

내가 말하는 감정이란 좋아하거나 미워하는 감정이오.

이런 감정이 없어야 내면을 해치지 않을 수 있소.

늘 자연스러울 수 있소.”

—

혜자왈(惠子曰) 인이무정(人而無情) 하이위지인(何以謂之人)

장자왈(莊子曰) 시비오소위정야(是非吾所謂情也)

오소위무정자(吾所謂無情者) 언인지불이호오내상기신(言人之不以好惡內傷其身)

상인자연이불익생야(常因自然而不益生也)

_『장자』「덕충부」

◆ 불행은 좋고 싫음에서 시작된다

삶의 목적이 행복에 있다는 사람은 많다. 그러나 ‘행복이 무엇입니까?’라는 질문에 자신 있게 답하는 사람은 드물다. ‘당신은 행복합니까?’라고 물었을 때 망설임 없이 그렇다고 답하는 사람은 더욱 드물다. 이런 상황은 다음과 같이 해석해 볼 수 있다. 목적지가 있다는 사실은 안다. 하지만 목적지에 도달하려면 어떻게 해야 되는지 모른다. 나름의 방법을 실천하고 있지만 이 방법에 확신은 들지 않는다.

학창시절엔 어른이 되면 행복해질 거라 막연히 생각했다. 그러나 나이를 먹을수록 인생에 대한 고민이 많아졌다. 총각 때는 결혼을 하면 행복할 것이라 자신했다. 그러나 역시 신혼의 설렘은 잠깐이었고, 곧 자유와 고독, 부모의 품이 그리워졌다. 그 뒤엔 아이를 낳으면 행복할 것이라 생각했지만, 난생처음 해보는 육아는 정말 고되고도 고되었다.

그래서 생각했다. '별다른 불행 없는 삶이 행복한 삶이 아닐까.' 그런데 더 생각해 보니 행복과 불행의 기준 또한 모호했다. 내게는 행복한 일이 누군가에겐 불행한 일이었고, 누군가에겐 행복한 일이 내게는 불행한 일이었다. 그러자 문득 이런 깨달음이 밀려왔다.

'진짜 해결해야 할 문제는 감정과 의지다. 내 감정은 행복만 좋아하고 불행은 미워한다. 내 의지는 무슨 수를 써서라도 행복만 추구하려 한다. 어떻게든 불행을 회피하려 한다. 그러다 보니 늘 불만족스러울 수밖에 없다.'

『장자』「덕충부」에는 장자와 그의 친구인 혜시(惠施)가 나눈 대화가 등장한다.

하루는 혜자가 장자에게 물었다.

"사람에게는 원래 감정이라는 게 없소?"

장자가 답했다.

"그렇소."

혜자가 다시 물었다.

"사람이면서 감정이 없다면 그게 어떻게 사람이겠소?"

장자가 답했다.

"내가 말하는 감정은 그대가 말하는 감정이 아니오. 내가 말하는 감정이란 좋아하거나 미워하는 감정이오. 이런 감정이 없어야 내면을 해치지 않을 수 있소. 늘 자연스러울 수 있소."

불교의 『법구경(法句經)』에는 이런 대목도 있다.

좋아하는 것이 없도록 하라. 싫어하는 것도 없도록 하라.
좋아하는 것을 만나지 못하면 괴롭다. 싫어하는 것을 만나면 근심한다.
좋아하는 것을 만들지 말라. 좋아함은 싫어함의 이유가 되기도 한다.
좋아함의 속박과 번뇌에서 벗어난 사람에게선 싫어함이 생겨날 곳도
없어진다.

◆ 애써 행복해지려 하지 말 것

우리가 행복을 좇는 이유는 무엇일까. 불행에서 탈피하는 유일한 길이 행복이라고 생각하기 때문이다. 하지만 막연한 행복 추구는 불행의 도피처가 될 수 없다. **오히려 불행을 버텨내는 과정과 그로써 얻는 배움이 불행을 타파하는 길이 될 수 있다.** 그 과정 자체가 크나큰 행복일 수 있다.

기를 쓰고 불행을 피하려는 이유는 무엇일까. 불행을 피하는 게 행복으로 가는 지름길이라고 생각하기 때문이다. 하지만 인생에는 지름길이 없다. 지름길을 찾아도 그 목적지에 행복이 없을 수 있다. 그러므로 때로는 불행을 받아들이는 게 좋다. 불행하지 않은 척을 그만두어야 오히려 행복에 가까이 다가갈 수 있다.

행복을 경험하지 못한 사람은 불행도 모른다. 지금 큰 불행을 느끼고 있다면 큰 행복도 경험해 봤을 가능성이 높다. 늘 행복했던 사람은 행복과 불행을 구분할 수조차 없다. 지금 행복하다면 그 행복은 불행을 겪어 보았기 때문에 느끼는 감정일 수 있다. 행복과 불행은 결코 분리돼 있지 않다. 행복 가운데에 불행이 있고, 불행 속에 행복이 있다.

『도덕경』에는 이런 대목이 있다.

하늘이 끊임없이 청명하려고만 하면 장차 무너져 내리게 될 것이다.
땅이 끊임없이 안정되려고만 하면 장차 흔들리게 될 것이다.
신이 끊임없이 영험하려고만 하면 장차 사라지게 될 것이다.
계곡이 끊임없이 꽉 채우려고만 하면 장차 말라버리게 될 것이다.
만물이 끊임없이 살고자만 하면 장차 소멸하게 될 것이다.
통치자가 끊임없이 고귀하고자만 하면 장차 실각하게 될 것이다.
그러므로 고귀함은 비천함을 뿌리로 삼고 높음은 낮음의 기초가 된다.

이 대목을 통해 우리는 행복과 불행의 원리를 유추하고, 행복과 불행을 대하는 바람직한 삶의 자세를 엿볼 수 있다. **끊임없이 행복해지고자 하는 사람은 끊임없이 불행하기를 자처하는 것과 같다. 불행하다는 생각을 멈추지 못하는 사람은 애초부터 행복하기를 포기한 사람과 같다.**

◆ 현명한 사람은 감정의 총량을 줄인다

물리학 이론 중에 '에너지 보존 법칙'이란 게 있다. 이 법칙의 기본 전제는 아무것도 없는 무(無)에서 에너지는 생겨나지 않음이다. 또 에너지는 형태를 바꾸거나 이동할 순 있지만 언제나 그 총량은 동일함이다. 그래서 이 법칙을 총량의 법칙이라고도 부른다.

우리는 에너지 보존 법칙처럼 행복이 늘어나면 불행이 줄어들고, 불행이 늘어나면 행복은 줄어들 것이라 생각하곤 한다. 하지만 노자에 따르면 행복과 불행은 반비례 관계가 아니라 정비례 관계다. 행복이 늘어나면 불행도 늘어나고, 그만큼 감정의 총량도 증가한다.

그래서 현명한 사람은 행복을 늘리려고 노력하지 않는다. 차라리 행복과 불행을 느끼는 모든 감정의 총량을 줄이려 노력한다. 지나친 감정은 사람의 마음을 피폐하게 만들기 때문이다.

『장자』「소요유」에는 이런 대목이 있다.

온 세상이 모두 칭찬해도 더 힘쓰지 않는다.

온 세상이 모두 비난해도 더 기죽지 않는다.

칭찬을 받아도 더 잘하려고 노력하지 않는 사람은 칭찬의 정도와 비난의 정도가 비례함을 아는 사람이다. 비난을 받아도 풀 죽지 않는 사람은 그 뒤로 칭찬받을 일이 생길 수 있음을 아는 사람이다.

세상에 영원한 것은 없다. 늘 행복하겠다는 의지는 욕심이자 교만이다. **행복은 불행에서 솟아나고, 불행은 행복이라는 옷을 벗으면 드러난다.** 그러므로 늘 불행한 사람도 없다. 자신이 늘 불행하다고 생각하는 사람은 스스로를 방임하는 게 아닌지 돌아봐야 한다. 감정의 총량이 많은 사람과 적은 사람은 있을지언정, 아예 없는 사람은 없기 때문이다.

행복을 좋아하고 불행은 미워하는 나의 감정을 먼저 돌아보자. 행복만 추구하고 불행은 기피하는 나의 의지를 반성하자. 행복한 사람은 불행이 없는 사람이 아니다. 불행한 와중에도 계속해서 나를 아끼고 사랑할 수 있는 사람이다.

6

무위
태어났으니 그냥 산다

무위無爲를 실천하면 다스려지지 않는 것이 없다.

—

위무위(爲無爲) 즉무불치(則無不治)

_『도덕경』

하늘이 하는 일을 알고,

사람이 하는 일을 아는 사람은 지극한 사람이다.

하늘이 하는 일을 아는 사람은 타고난 대로 살아간다.

사람이 해야 할 일을 아는 사람은

자기의 깨달음을 통해 알고 있는 것들로써

자기의 깨달음을 통해 알지 못하는 것들을 가꾸어 나간다.

자기가 타고난 나이대로 다 살면서

중도에 일찍 죽지 않는 사람은

깨달음이 성대한 사람이다.

—

지천지소위(知天之所爲) 지인지소위자(知人之所爲者) 지의(至矣)

지천지소위자(知天之所爲者) 천이생야(天而生也)

지인지소위자(知人之所爲者) 이기지지소지(以其知之所知)

이양기지지소부지(以養其知之所不知)

종기천년(終其天年) 이부중도요자(而不中道夭者) 시지지성야(是知之盛也)

_『장자』「대종사(大宗師)」

◆ 스스로 목숨을 끊으면 안 되는 이유

'왜 살아야 하는가.'

철학의 오랜 화두다. 프랑스의 소설가 카뮈는 이렇게 말했다.

"참으로 진지한 철학적 문제는 오직 하나다. 바로 자살이다."

전 세계적으로 자살률이 높다. 특히 우리나라의 자살률은 심각한 수준이다. 더 절망적인 사실은 사회적 약자인 청소년, 여성, 노인에게서 자살의 빈도가 잦다는 것이다.

자살이 바람직하지 않다는 교육은 숱하게 받아 왔다. 하지만 왜 자살하면 안 되는지에 대한 설명은 명확히 듣지 못했다. 생명 그 자체로 소중하다는 말은 냉엄한 현실 앞에서 공허하고, 뒤에 남은 사람들의 슬픔을 생각하라는 말은 당장의 고통을 견뎌내는 이에게 가혹하다. 삶의 의미는 저마다 다르기에 자살을 선택하는 이유도 제각각이다.

이렇게 뚜렷한 답이 없는 문제 앞에서 가장 시급하고 근본적인 안전장치는 무엇일까. '어째서 자살하면 안 되는가?'에 대한 답을 찾는 게 아닐까 싶다.

『장자』「대종사」에는 자살의 정의를 엿볼 수 있는 대목이 있다.

> 하늘이 하는 일을 알고,
> 사람이 하는 일을 아는 사람은 지극한 사람이다.
> 하늘이 하는 일을 아는 사람은 타고난 대로 살아간다.
> 사람이 해야 할 일을 아는 사람은
> 자기의 깨달음을 통해 알고 있는 것들로써
> 자기의 깨달음을 통해 알지 못하는 것들을 가꾸어 나간다.
> 자기가 타고난 나이대로 다 살면서 중도에 일찍 죽지 않는 사람은
> 깨달음이 성대한 사람이다.

장자 철학은 진인(眞人)과 진지(眞知)를 말한다. 진인이란 '참된 사람'이라는 뜻이고, 진지란 '참된 앎'이라는 뜻이다. 성대한 깨달음은 진인과 진지의 기본 전제다.

『장자』「대종사」의 말이 이어진다.

> 참된 사람만이 참된 앎에 다다른다. 참된 사람의 참된 앎이란 무엇인가? 참된 사람은 적다고 무시하지 않는다. 성공했다고 뽐내지 않는다.

어떤 일도 억지로 무리해서 처리하지 않는다. 참된 사람은 실수했더라도 후회하지 않는다. 일이 잘 되더라도 우쭐거리지 않는다.

… (중략) …

이들은 삶을 기뻐할 줄도 모르고, 죽음을 싫어할 줄도 모른다. 세상에 태어남을 기뻐하지도 않고, 저승으로 돌아감을 거부하지도 않는다. 홀가분하게 왔다가 홀가분하게 떠날 뿐이다. 삶의 시작을 꺼리지도 않고, 삶의 종말을 바라지도 않는다. 삶을 받게 되어서는 그대로 기뻐하고, 삶을 잃게 되어서는 그저 왔던 곳으로 돌아간다.

이를 일러 '마음으로부터 도(道)를 손상시키지 않는 것'이라고 한다. '억지로 자연의 섭리를 부추기지 않는 것'이라고 한다.

장자 철학에서 자살이란 무엇인가. '하늘이 해야 할 일'과 '사람이 해야 할 일'을 깨닫지 못한 것이다. 내 마음의 아우성을 외면하는 것이고, 자연의 이치를 교란시키는 것이다. 몹시 부자연스러운 행동이다.

◆ 발이 있어서 그냥 걷는다

얼마 전 아내와 사소한 말다툼을 벌였다. 끝내 집을 박차고 나왔다. 일과 육아로 몸과 마음이 지친 상태였다. 발을 끌다시피 공원까지 가서 벤치에 걸터앉았다. 아무것도 하고 싶지 않았다. 잠깐의 시간이 흘렸다. 아무것도 하지 않기란 어려웠다. 특히 생각을 쉬는 일은 불가능에 가까웠다. 결국 30분도 못 버티고 집으로 발걸음을 돌렸다.

『장자』「대종사」에는 이런 대목도 있다.

> 깨달음으로써 때를 알맞게 함이란 무엇인가.
> 마지못해 하는 일임을 안다는 것이다.
> 할 수 없이 하는 일임을 안다는 것이다.

자살을 생각하는 것만으로도 잘못했다고 이야기하기는 어렵다. 살아가며 한 번쯤 자살을 고민해 보지 않은 이가 얼마나 될까. 중요한 것은 어떤 이유로 얼마나 자주 자살을 생각하는가다. 그 이유가 비교라면 큰 문제다. 얼핏 보기에 남들은 모두 득의양양하게 살아가는 듯하다. 나 홀로만 마지못해 살아가는 듯하다. 이럴 때 불현듯 떠오르는 게 자살일 수 있다. **그러나 곰곰이 따져보면 우리는 모두 마지못해 살아간다. 어쩔 수 없이 살아간다. 자신의 뜻에 따라 태어난 사람은 아무도 없기 때문이다.**

『장자』「대종사」에는 이런 대목도 있다.

> 원래 그러한 자연의 이치를 따름이란
> 발이 있는 사람이 언덕을 오르는 것과 같다.

삶이 밭이라면 인생은 언덕이다. 삶을 부여받은 사람이 좋든 싫든 인생이라는 언덕을 오르게 되어 있다. 대단한 능력이 있어서 오르는 게 아니다. 그저 발이 있고, 걸을 수 있기 때문에 오르는 것이다. **그러니까 삶이란 누구나 그저 살아가는 것이다.**

피겨 금메달리스트 김연아 선수와 기자의 문답이 떠오른다. 훈련 전 스트레칭을 하는 김연아 선수에게 기자가 물었다.

"무슨 생각하면서 (스트레칭을) 하세요?"

"무슨 생각을 해…. 그냥 하는 거지."

이 선수가 세계 최고의 피겨 여왕으로 거듭날 수 있었던 원동력은 '그냥 함'에 있었다. 『장자』 「대종사」의 말은 김연아 선수의 성공이 특별한 재능이나 운에 기인하지 않았음을 확인시켜 준다.

발을 가진 사람이 걷다 보니 저절로 언덕의 정상에 도달한 것은 몹시 자연스러운 일이다. 근데 사람들은 저 혼자만 참으로 부지런히 걸었다고 생각한다. 아무도 모르는 특별한 비법이 있었을 것이라 생각한다.

◆ 억지로 만들거나 없애지 않는 지혜

『도덕경』에는 이런 대목이 있다.

도는 항상 무위하다. 하지만 이루어 내지 못함이 없다.

무위를 실천하면 다스려지지 않는 것이 없다.

무위란 '아무것도 억지로 함이 없다'라는 뜻이다. 우리말로 조금 더 순화하면 '그냥 한다' 정도다. 왜 사느냐는 질문에 '그냥 산다'고 대답 한다면 어떨까. 누군가는 실소를 터뜨릴지도 모른다. 하지만 그냥 벤 치에 걸터앉아 있는 것조차 어려운 일이다. 그냥 생각을 멈추기란 더욱 어려운 일이다. 그냥 살아내기란 더더욱 어려운 일이다.

「대종사」에는 남백자규(南伯子葵)라는 인물과 여우(女偊)라는 인물의 대화가 등장한다. 남백자규가 여우에게 도에 대해 묻자 여우는 이렇게 대답했다.

"삶에 대한 욕망을 죽이는 사람은 죽지 않는다. 삶에 대한 욕망을 살리는 사람은 살지 못한다. 이를 깨달은 사람은 만물을 배웅하거나 마중하지 않는다. 파괴시키거나 생성시키지도 않는다.

이를 일러 영녕(攖寧)이라고 한다. 영녕이란 '어지럽게 어울린 뒤에 우호적 관계를 맺는다'라는 뜻이다."

세상에서 가장 우호적인 관계는 어떤 관계일까. 아무것도 묻지도 따지지 않고 '그냥' 맺어진 관계다. 자살을 선택하는 이들의 공통점은 무엇일까. 살고 싶다는 간절하고도 강렬한 욕망에 있을지 모른다. 강한 부정은 강한 긍정이라는 말도 있다. 복구가 불가능한 자기 파괴는 무엇을 의미할까. 완전히 새로운 상태로의 재생성에 대한 욕망일 수 있다.

잊지 말아야 좋을 것이 있다. **파괴와 생성의 때를 조율하는 건 하늘이 해야 할 일이다. 인간이 해야 할 일은 자신에게 주어진 때를 그냥 살아가는 일이다.** 이는 '왜 자살하면 안 되는가'에 대한 답이기도 하다. 세상에는 그냥 해야만 하는 일도 있다. 그냥 해야만 하는 일에 여러 가지 토를 달 필요는 없다. 그냥 해야만 하는 일을 억지로 그만두는 건 아름답지 못하다.

장자는 말했다.

> 태어남을 군살이나 혹이 생기는 것처럼 여긴다.
> 죽음을 곪은 것이 터지거나 종기가 사라지는 것처럼 여긴다.

그냥 두었는데도 자연스레 생겨난 것들을 억지로 없애거나, 그냥 두면 자연스레 없어질 것들을 억지로 보존하려 한다면 어떨까. 부작용이 생길 가능성이 높다. 끊임없이 살아가야 할 이유를 찾는 대신 그냥 살아가기로 결심한다면 어떨까. 자살과 멀어질 수 있다. 아무것도 하지 않고 그냥 살아가는 것이야말로 훌륭하고 위대한 일일지 모른다.

7

무지무욕
보고 듣고 비교할수록 불행한 세상

성인의 다스림은 그 마음을 텅 비우게 하고, 그 배를 채워주며,
그 의지를 유약하게 하고, 그 뼈대를 강하게 해준다.
—

시이성인지치(是以聖人之治) 허기심(虛其心) 실기복(實其腹) 약기지(弱其志) 강기골(强其骨)

_『도덕경』

물고기는 물에서 함께 살아가고,
사람들은 도道에서 함께 살아간다.
물에 사는 것들은 못을 파주면 넉넉히 먹고 살 수 있게 되고,
도를 바탕으로 사는 것들은 서로 간섭하지 않아
아무 일 없게 해주면 삶이 안정된다.
그러므로 말한다.
물고기는 강과 호수에서 서로를 잊고 살게 되며,
사람들은 도의 세계에서 서로를 잊고 살게 된다.
—

어상조호수(魚相造乎水) 인상조호도(人相造乎道)

상조호수자(相造乎水者) 천지이양급(穿池而養給)

상조호도자(相造乎道者) 무사이생정(無事而生定)

고왈(故日) 어상망호강호(魚相忘乎江湖) 인상망호도술(人相忘乎道術)

_『장자』「대종사」

◆ 침몰하지 않는 세상을 꿈꾸다

최근 디스토피아 영화가 유행이다. 디스토피아란 유토피아의 반대
말로 몹시 부정적인 가상의 암흑세계를 가리킨다. 예술은 그 시대의
현실을 반영한다. 그렇다면 디스토피아 장르의 성행은 무엇을 의미
할까. 우리네 현실이 유토피아보다는 디스토피아에 가까움을 뜻하는
게 아닐까. 지금 우리의 세상은 살고 싶은 이가 더 많은 유토피아인
가, 아니면 죽어도 별 관계 없는 이가 더 많은 디스토피아인가. 어쩌
면 이 글의 끝에 그 답을 찾을 수 있지 않을까.

죽지 못해 어쩔 수 없이 살아감. 디스토피아 장르의 공통된 문제의
식이다. 그래서일까? 디스토피아 장르 속 등장인물은 생사의 갈림길
에서 죽음을 마다하지 않는다. 살다 보면 계속 살아가는 게 죽느니만
못하다고 여겨질 때가 있다. 삶이든 죽음이든 별다를 게 없다는 생각
에 사로잡히기도 한다. 그럴 때 사람은 더 이상 죽음을 두려워하지 않

게 된다. 그래서 영화 속 인물들은 오히려 죽음을 무릅쓰고 위험 속으로 뛰어든다. 이때 죽음을 각오한 이에게 가장 두려운 일은 무엇일까? 어떠한 이유로든 다시 살고 싶어지는 것이다.

영화 〈타이타닉〉을 최근 다시 봤다. 영화가 말미에 이르자 호화 유람선 타이타닉이 바닷속으로 가라앉기 시작했다. 배에 올랐던 사람들은 그래도 함께 살려고 했다. 소중한 생명을 하나라도 더 살리려고 했다. 약자에게 먼저 살 기회를 양보하기도 했다. 아름다운 장면이었다. 하지만 엔딩 크레딧 앞에서 문득 이런 생각이 들었다.

'아무렴 배가 안 가라앉는 게 더 낫지 않았을까?'

『장자』「대종사」에는 이런 대목이 있다.

우물이 마르면 물고기들은 땅 위에 모여 서로 물기를 뿜어주고 물거품으로 적셔준다. 하지만 강물이나 호수 속에서 서로를 잊고 사느니만 못하다. 사람들은 요임금[3]을 찬양하고 걸왕[4]을 비난한다. 그러나 둘 다 잊어버리고 참된 도를 따르느니만 못하다.

『장자』「대종사」의 말은 계속된다.

---

3   중국 고대 전설상의 성군(聖君)으로 오제(五帝) 가운데 한 사람이다.
4   고대 하(夏)나라의 마지막 왕으로 폭군의 대명사다.

물고기는 물에서 함께 살아가고, 사람들은 도에서 함께 살아간다.

물에 사는 것들은 못을 파주면 넉넉히 먹고 살 수 있게 되고, 도를 바탕으로 사는 것들은 서로 간섭하지 않아 아무 일 없게 해주면 삶이 안정된다.

그러므로 말한다. 물고기는 강과 호수에서 서로를 잊고 살게 되며,

사람들은 도의 세계에서 서로를 잊고 살게 된다.

침몰하는 배 위에서 서로 위하고 구해주는 일보다 더 바람직한 것이 있다. 바로 배가 침몰하지 않는 것이다. 공맹(孔孟)을 위시한 유가의 철학은 희망을 강조한다. 침몰하는 세상을 살아가고 있지만 용기를 잃지 말자고 한다. **반면 노장을 필두로 한 도가의 철학은 애초에 침몰 중이지 않은 세상을 꿈꾼다.** 가라앉고 있는 배 그 자체를 일으켜 세우려 한다. 그래서 유가의 철학은 현실적이며 보수적이다. **도가의 철학은 급진적이며 이상적이다.**

◆ 간섭하지 않고 강요하지 않는 세계

『도덕경』에는 이런 대목이 있다.

똑똑한 사람을 높이 쳐주지 않아야 백성들이 경쟁에 휘말려 다투지 않게 된다. 얻기 어려운 상품을 귀하게 여기지 않아야 백성들이 도적이 되지

않는다. 욕심날 만한 것들을 보이지 않아야 백성들의 마음이 혼란스럽지 않게 된다.

그래서 성인의 다스림은 그 마음을 텅 비우게 하고, 그 배를 채워주며, 그 의지를 유약하게 하고, 그 뼈대를 강하게 해준다.

늘 백성들로 하여금 서로 무관심하되 욕심이 없도록 하고, 저 지혜롭다는 자들로 하여금 감히 억지로 무엇을 꾀하지 못하게 한다.

경쟁이 일상화된 시대에 마음을 텅 비우게 하고, 배를 채워주고, 의지를 불태우지 않게 하고, 뼈를 튼튼하게 해준다는 노자의 말은 여러 모로 위로가 된다. 그러나 우물에 갇혀 있는 동안에는 언젠가 말라 죽을지 모른다는 불안감에서 해방될 수 없다. 우물에서 벗어나 드넓은 강으로, 호수로 나아갈 방법이 필요하다.

『도덕경』은 이어 말한다.

성인은 강요하지 않는 일처리를 한다.
간섭하지 않는 가르침을 실천한다.

많은 사람이 '성공을 향한 노력'이라는 미명하에, '마땅한 윤리와 도덕'이라는 무언의 간섭과 강요하에 자신을 억압하며 살아간다. 서로가 서로의 시선에 갇혀 목을 죄고 있는 것이다. 이에 노자는 말했다. '이러한 희생과 억압이 당연시될 순 없다. 모두 서로 강요하거나 간섭하지 않을 때 가장 편안하다. 그런 강물과 호수 같은 곳으로 이 세상을 만들어 나가야 한다'고.

우리의 당연한 현실은 어떤 모습이어야 좋을까. 서로를 향해 쉼 없이 물기와 거품을 내뿜어야 하는 말라붙은 우물일까. 아니면 서로를 까맣게 잊고 지내더라도 아무런 불편함이 없는 강물과 호수일까. 살기 위해 누군가의 온정과 아량을 기대해야 하는 디스토피아일까. 아니면 서로 무관심하지만 살기 좋은 유토피아일까.

◆ 경쟁이 강요된 세상에서 살아남는 법

현대사회에는 두 가지 두드러진 특징이 있다. 경쟁과 정보화다. 유튜브나 인스타그램 등 전 세계에 널리 퍼진 SNS 플랫폼은 이런 현대사회의 특징을 잘 보여준다. SNS에는 똑똑한 인재들이 넘쳐난다. 소수만이 가진 희소성 높은 상품들이 즐비하다. 그곳에서 우리는 쉽게 얻을 수 없는 재물과 명예, 인기와 평판에 대한 간접 체험을 할 수 있다.

그러나 현실은 다르다. 현실에서 우리는 그저 평범해지기 위해 노력하는 사람에 불과하고, 가진 것보다는 가지지 못한 게 많다. 그래서 스트레스를 풀기 위해 다시 SNS가 주는 자극을 찾는다. 이런 악순환이 매일 반복된다.

노자와 장자는 정보화 자체를 부정하진 않는다. 정보화가 이뤄지지 않았던 시대로의 퇴행을 주장하지도 않는다. 이미 보거나 들어서 학습된 것들은 발상지를 없앤다고 함께 사라지지 않는다. 어느 날 갑자기 유튜브가 사라지더라도 그렇다. 그곳에서 보거나 들은 내용까지 사람들의 머릿속에서 지울 순 없다.

다만 노자와 장자는 정보화가 무언의 강요나 간섭이 될 것을 경계한다. 노자는 정보를 잘 거르고 취합하는 능력보다 욕심을 조절하는 능력을 우위에 둔다. 장자는 무작정 경쟁을 막기보다 경쟁할 의지를 줄이는 일이 본질임을 지적한다.

노자의 철학을 대표하는 **무지무욕(無知無欲)** 역시 같은 맥락이다. 무지무욕이란 '앎도 없고 바라는 바도 없음'을 뜻한다. 얼핏 들으면 기대를 줄이거나 포기하는 게 낫다는 것처럼 들린다. 그러나 무지무욕은 내려놓음이나 패배주의를 옹호하는 게 아니다. 아무 욕구도 없이 살아가라는 주문이 아니다.

노자는 정보를 신(神)처럼 모시는 행위를 경계했다. 그 정보가 내 삶에 끝없는 경쟁을 초래하는 것을 경계했다. 경쟁에 몰린 사람은 승리하기 위해 억지로 무언가를 할 수밖에 없다. 더 빠르게 정보를 취득해 우위에 서야 한다. 이런 상황에서 정보는 사람을 사랑으로 품어주는 신이 아니다. 매 순간 내 삶에 간섭하고, 참견하고, 강요하는 신이다.

노자는 기왕 섬길 거면 다른 신을 섬기라고 조언한다. 그 신은 이렇게 말한다. '**많은 이가 찬양하는 것들이 꼭 욕심낼 만한 것들은 아니다. 많은 이가 비난하는 것들이 뒤도 돌아보지 않고 버려야 할 것들은 아니다.** 이는 편견이자 선입관이다. 편견과 선입관이 사라져야 조금이나마 정말로 배가 부르다. **끊임없이 경쟁하려는 의지는 강요된 것이다.** 강요받지 않아야 조금이나마 진짜로 몸이 튼튼해진다.'

　노자의 신은 이런 신이다. 세상의 가치에 오염되지 않은 신이다. 지극히 자연스러운 삶의 욕구에 귀 기울여주는 신이다. 끊임없이 물기를 뿜어 주고 거품으로 적셔달라고 애원하지 않아도 되는 신이다. 무관심해도 괜찮은 상황에서는 서로 과감하게 무관심할 수도 있는, 서로 자유롭기를 바라는 신이다. 그리고 노자는 말했다.

　'그 신의 이름은 자연(自然)일 것이다.'

8

자정 작용
비워낼수록 넉넉해지는 기적

이러한 도道가 유지되는 것은 꽉 채우려 들지 않음에 있다.
오직 채우지 않기 때문에 유연하게 해줄 뿐
특정한 모습으로 완성시키려 하지 않는다.

—

보차도자(保此道者) 불욕영(不欲盈) 부유불영(夫唯不盈) 고능폐이불성(故能蔽而不成)

_『도덕경』

호자가 말했다.

"나는 너에게 껍데기는 다 가르쳤지만 알맹이는 아직 다 전수해 주지 않았다.

너는 정말로 도를 터득했다고 생각했더냐?

암컷이 아무리 많아도 수컷이 없으면 어떻게 새끼가 있겠느냐?

네가 세상에 도를 드러내 보이면 반드시 표시가 나게 마련이다.

그 때문에 다른 사람이 네 관상을 쉽게 알아맞힐 수 있었던 것이다."

호자왈(壺子曰) 오여여기기문(吾與汝旣其文) 미기기실(未旣其實)

이고득도여(而固得道與) 중자이무웅(衆雌而無雄) 이우해란언(而又奚卵焉)

이이도여세항필신(而以道與世亢必信) 부고사인득이상여(夫故使人得而相汝)

_『장자』「응제왕(應帝王)」

◆ 우리는 타인의 욕망을 욕망한다

상담 수업을 들을 때였다. 교수님은 이렇게 말했다.

"근거 없는 상담이 점(占)입니다. 근거 있는 점이 상담입니다. 점쟁이와 상담자는 늘 한 끗 차이입니다. 이 가운데 누군가 점쟁이가 되더라도 꼭 좋은 점을 치십시오. 누군가 상담자가 되더라도 꼭 좋은 상담을 하십시오."

동양에서 점이란 복(卜)과 구(口)가 합쳐진 글자다. 복은 점치는 행위를 뜻하고, 구는 입을 뜻한다. '궁금한 것을 입으로 꼬치꼬치 캐묻는 일'이 점이다.

『장자』「응제왕」에는 사제지간이었던 두 사람의 이야기가 등장한다.

정(鄭)나라에 계함(季咸)이라는 신통한 무당이 있었다. 그는 사람들의 살고 죽는 일, 잘 살고 못 사는 일, 재앙과 행복, 장수와 요절 등의 운세를 몇 년 몇 월 며칠까지 귀신같이 알아맞혔다. 정나라 사람들은 그를 보기만 하면 모두 가지고 있던 물건을 버리고 도망갔다. 열자(列子)가 그를 만나 보고서 심취하여 돌아와 호자(壺子)에게 말했다.

"원래 저는 선생님의 도야말로 지극한 것이라고 생각했는데 알고 보니 더 뛰어난 사람이 있었습니다."

호자가 말했다.

"나는 너에게 껍데기는 다 가르쳤지만 알맹이는 아직 다 전수해 주지 않았다. 너는 정말로 도를 터득했다고 생각했더냐? 암컷이 아무리 많아도 수컷이 없으면 어떻게 새끼가 있겠느냐? 네가 세상에 도를 드러내 보이면 반드시 표시가 나게 마련이다. 그 때문에 다른 사람이 네 관상을 쉽게 알아맞힐 수 있었던 것이다. 내게 계함을 데려와 보거라. 이번엔 내 관상을 보여보자."

다음 날, 열자는 계함과 함께 호자를 뵀다. 계함은 호자를 뵙고 나와서 열자에게 이렇게 말했다.

"당신의 선생은 곧 죽을 것이오. 살더라도 열흘을 넘기지 못할 것이오. 아주 괴이하게도 물에 젖은 재의 상을 보았소."

열자는 그 말을 듣고 눈물을 흘리며 호자에게 계함의 말을 전했다. 호자는 이렇게 말했다.

"조금 전 나는 계함에게 땅의 모습을 보여주었다. 움직이지도 멈추지도 않는 모양이었지. 그는 내게서 생기가 막혀버린 모습을 보았을 것이다. 계함을 다시 데려와 보거라."

이튿날, 다시 호자를 본 계함은 열자에게 이렇게 말했다.

"다행이오. 그대의 선생은 나를 만난 덕택에 병이 나았소. 완전히 살아났소. 당신의 선생에게서 다시 생명의 기운이 솟아나고 있소."

열자는 이번에도 계함의 말을 호자에게 전했다. 호자는 이렇게 말했다.

"조금 전에 나는 계함에게 하늘의 모습을 보여주었다. 그는 내게서 생기가 솟아나는 모습을 보았을 것이다. 그를 다시 데려와 보거라."

다음 날, 계함과 열자는 다시 호자를 만났다. 계함이 열자에게 말했다.

"당신의 선생은 도무지 관상이 일정하지 않소. 나로서는 더 이상 관상을 보아 드릴 수가 없소. 일정해지면 다시 봅시다."

열자가 다시 계함의 말을 전하자 호자는 이렇게 말했다.

"조금 전 나는 그에게 극도로 텅 비어 흔적이라곤 찾아볼 수 없는 모습을 보여주었다. 소용돌이치는 깊은 물도 연못이고, 괴어 있는 깊은 물도 연못이며, 흐르는 깊은 물도 연못이다. 연못에는 아홉 가지가 있는데 이것은 그 중 세 가지일 뿐이다. 그를 다시 데려와 보거라."

다시 다음 날, 열자와 함께 호자를 본 계함은 얼이 빠져 그 자리에서 달아나 버렸다. 열자가 다급히 계함을 뒤쫓았지만 결국 따라잡지 못했다. 열자는 되돌아와 호자에게 이렇게 말했다.

"계함은 이미 사라졌습니다. 보이지도 않습니다."

그러자 호자가 말했다.

"조금 전 나는 그에게 내가 숭상하는 도의 모습을 보여주었다. 자연 그대로의 모습을 보여주었다. 나는 마음을 완전히 비웠다. 욕심이라곤 전혀 없는 모습으로 그를 대했다. 그는 내가 누구인지조차 모르게 됐다. 오히려 그 자신이 무너져 내리는 듯했다. 파도에 따라 흔들리는 듯했다. 그래서 그는 견디지 못하고 도망친 것이다."

유명한 철학자 자크 라캉의 말 '우리는 타인의 욕망을 욕망한다'를 떠올리게 하는 이야기다. 호자는 계함에게 꽉 막힌 땅에 대한 욕망을 보였다. 계함은 생기가 막혀 호자가 곧 죽을 것이라 예측했다. 또 호자는 계함에게 뻥 뚫린 하늘에 대한 욕망을 보였다. 그러자 계함은 막혔던 생기가 뚫려 호자가 되살아날 것이라 예견했다. 다시 호자는 모든 욕망을 비워냈다. 그제야 계함은 이제 더는 예측할 수 없다며 한발 물러섰다. 마지막으로 호자는 자연에 동화된 지극히 태연한 모습을 보였다. 텅 비었다가도 금세 꽉 차기를 반복했다. 꽉 막혔다가도 뻥 뚫리길 거듭했다. 계함은 혼이 나갔다. 뒤도 돌아보지 않고 달아나 버렸다. 아무런 욕심도 없는 사람을 도무지 예측할 수 없었기 때문이다. **자연의 가장 큰 특징은 무엇인가. 욕심부리지 않음이다. 그래서 예측을 불허함이다.**

◆ 현명한 사람은 다른 사람을 유연하게 만든다

『도덕경』에는 이런 대목이 있다.

머뭇거리는구나! 마치 살얼음 낀 겨울 냇가를 건너는 듯하다.

망설이는구나! 마치 사방을 두려워하는 듯하다.

삼가는구나! 마치 손님과 같다.

풀어져 있구나! 마치 녹고 있는 얼음과 같다.

두텁구나! 마치 통나무와 같다.

텅 비어 있구나! 마치 계곡과 같다.

소탈하구나! 마치 흐린 물과 같다.

누군들 혼탁한 물을 깨끗하게 하여 서서히 맑아지게 할 수 있으며,

누군들 가만히 있는 것을 움직여서 생기가 살아나게 할 수 있으랴?

이러한 도가 유지되는 것은 꽉 채우려 들지 않음에 있다. 오직 채우지 않기 때문에 유연하게 해줄 뿐 특정한 모습으로 완성시키려 하지 않는다.

초보 상담자들이 하는 실수가 있다. 물음을 통해 텅 비워주기보다 대답을 통해 꽉 채워주려는 것이다. 고름이나 종기를 짜내려고 온 사람에게 새로운 혹을 붙여주는 것과 같다. 타인의 욕망을 채워줄 수 있는 유일한 길은 그 욕망을 함께 욕망하지 않고 내가 먼저 비우는 것이다. 그러면 상대도 내 모습을 보며 욕망을 비울 수 있게 된다.

우리네 삶도 마찬가지다. 나만이 주인이라는 마음으로 꽉 찬 세상은 어떠한가. 아무런 망설임도 삼감도 없다. 반면 나 역시 손님이라는 태도를 잃지 않은 세상은 어떠한가. 서로의 채움을 방해하는 대신 서로의 비움을 응원하게 된다.

혼탁한 물을 다시 깨끗하게 만들 수 있는 건 스스로의 자정 작용뿐이다. 마찬가지로 죽은 듯 가만히 있는 사람을 다시 움직일 수 있는 건 스스로의 의지와 결단뿐이다. 소를 물가로 끌고 갈 순 있지만 억지로 물을 마시게 할 순 없다. 마찬가지로 사람에게 문제의 해법을 제시할 순 있지만 억지로 그 해법을 실행하도록 할 순 없다. **그래서 현명한 사람은 남들을 유연하게 해주는 일에 집중한다. 스스로 실행할 마음이 생기도록 돕는다.**

내 문제를 가장 잘 아는 사람은 누구인가. 나 자신이다. 가장 뛰어나고 훌륭한 상담자는 누구인가. 나 자신이다. 나만이 내 문제의 껍데기가 아닌 알맹이를 볼 수 있다. 나만이 나에게 '진짜 물음'을 던질 수 있다.

중국에서 가장 오래된 경전 『서경(書經)』「우서(虞書)」에는 이런 대목이 있다.

가득 참은 손실을 부른다. 비워냄은 넉넉함을 누린다.
그저 때를 따름이 곧 하늘의 도이다.

스스로를 비워내는 질문으로 문제의 알맹이를 발견할 것인가. 스스로를 채우려는 대답으로 문제의 껍데기에 머무를 것인가. 우리의 선택에 달려있다.

제 2 부

둘러보기

사소한 것들에 휘둘리지 않는 지혜를 찾아서

목수의 지혜
고수는 계획을 고집하지 않는다

의지를 불태워 억지로 무슨 일을 하는 사람은
결국 그 일을 망치게 되고
꽉 잡고 집착하는 사람은 결국 그것을 잃게 된다.
그러므로 성인은 억지로 함이 없기 때문에 망치지 않고,
집착하지 않기 때문에 잃지 않는다.

—

위자패지(爲者敗之) 집자실지(執者失之)

시이성인무위고무패(是以聖人無爲故無敗) 무집고무실(無執故無失)

_『도덕경』

세상에는 가장 자연스러운 본성이 있는 법이다.
이러한 본성이란 굽었어도 갈고리로 굽힌 것이 아니고,
곧더라도 먹줄로 곧게 만든 것이 아니다.
둥글어도 그림쇠로 둥글게 한 것이 아니고,
모가 났어도 굽은 자로 모나게 한 것이 아니다.

붙어 있되 아교로 풀칠을 한 것이 아니고,
묶여 있되 노끈으로 동여맨 것이 아니다.

—

천하유상연(天下有常然)

상연자(常然者) 곡자불이구(曲者不以鉤) 직자불이승(直者不以繩)

원자불이규(圓者不以規) 방자불이구(方者不以矩)

부리불이교칠(附離不以膠漆) 약속불이묵색(約束不以纆索)

_『장자』「변무(騈拇)」

◆ 위대한 목수는 집을 나무에 맞춘다

아내와 아이가 주고받는 고성이 들려왔다. 잠시 귀를 기울였다. 아내는 아이가 입을 벌리지 않아 끌탕이다. 아이는 아이대로 입을 꾹 다물었다. 자신만의 언어로 무언가 항변한다. 아이를 재운 뒤 넌지시 아내에게 물었다.

"아까는 애랑 왜 그런 거야?"

아내가 대답했다.

"한창 중요한 시기에 밥을 안 먹겠다고 버티잖아."

아내에게 다시 물었다.

"물론 밥도 중요하지. 하지만 서로 스트레스를 받으면서까지 꼭 먹여야 할까?"

아내가 대답했다.

"그도 그렇지만 내가 정해놓은 스케줄도 있잖아. 그게 자꾸만 뒤로 밀리는 것도 좀 그래."

아내에게 말했다.

"그럼 당신은 뭐가 더 불편해? 당신 계획이 틀어지는 게 불편해? 아니면 아이가 잘 안 먹어서 건강하지 못할까 하는 걱정이 불편해?"

한참을 생각하던 아내가 대답했다.

"아무래도 내 계획대로 되지 않는 게 더 힘든 것 같아."

『장자』「변무」에는 이런 대목이 있다.

갈고리와 먹줄[5], 그림쇠[6]나 굽은 자를 써서 바로잡으려 하는 것은 나무의 본성을 깎아내는 일이다. 노끈으로 묶고 아교로 풀칠하여 단단하게 붙이려는 것은 본래 타고난 행복을 해치는 일이다.

세상에는 가장 자연스러운 본성이 있는 법이다. 이러한 본성이란 굽었어도 갈고리로 굽힌 것이 아니고, 곧더라도 먹줄로 곧게 만든 것이 아니다. 둥글어도 그림쇠로 둥글게 한 것이 아니고, 모가 났어도 굽은 자로 모나게 한 것이 아니다. 붙어 있되 아교로 풀칠을 한 것이 아니고, 묶여

---

5 먹통에 딸린 실줄. 먹을 묻혀 곧게 줄을 치는 데 쓴다.
6 지름이나 선의 거리를 재는 기구.

있되 노끈으로 동여맨 것이 아니다.

세상 모두는 개성을 달리하여 살아가고 있으나 왜 그렇게 되었는가는 아무도 알지 못한다. 모두가 각자 자기 모습을 지니고 있으나 왜 그런지는 누구도 알 수 없다. 이런 것은 예로부터 지금까지 변치 않는 이치다. 사람의 힘으로 어찌해볼 수 없는 일이다.

작게 현혹된 것은 방향이 잘못된 것이지만, 크게 현혹된 것은 본성을 잃은 것이다.

어느 도편수는 이렇게 말했다.

"훌륭한 목수는 나무를 집에 끼워 맞춘다. 위대한 목수는 집을 나무에 끼워 맞춘다."

훌륭한 목수는 당장 갖춰진 틀에 맞도록 나무를 깎는다. 반면 위대한 목수는 긴 시간이 흐르더라도 나무의 개성이 살아날 방법을 궁리한다. 곧은 나무를 구부리지 않고, 굽은 나무를 펴지 않는다. 둥글고 모난 나무를 깎지 않는다. 다만 적절한 자리를 찾아 그대로 밀어 넣는다. 그는 훗날 변형될 모양까지를 고려한다.

◆ 억지로 계획을 밀어붙이는 사람들

『장자』「변무」에는 이런 대목도 있다.

소인(小人)들은 이익을 위해 자신을 희생한다. 선비들은 명예를 위해 자신을 희생한다. 대부(大夫)들은 나라를 위해 자신을 희생한다. 성인(聖人)들은 천하를 위해 자신을 희생한다. 그 행위의 내용은 다르고 그로부터 얻는 명성도 다르다. 하지만 스스로를 희생함은 마찬가지다. 자신의 본성을 해침은 매한가지다.

세상 사람들은 모두가 목숨을 바쳐 무언가에 자신을 희생한다. 다른 사람을 생각하거나 의리를 지키는 일에 목숨을 바치면 사람들은 그를 군자라고 부른다. 재물을 위해 목숨을 바치면 사람들은 그를 소인이라고 부른다. 자기 몸을 희생한 것은 같다. 그런데 누구는 군자가 되고 누구는 소인이 된다. 자신의 삶을 해치고 본성을 손상시켰다는 점에서 도척[7]과 백이[8]는 같은 사람이다. 어째서 굳이 군자와 소인의 차이를 가려내려 하는가?

『도덕경』에는 이런 대목이 있다.

늘 그러한 이치를 알아야 포용하게 된다. 포용할 수 있어야 공평하게 된다. 공평할 수 있어야 왕 노릇을 하게 된다. 왕 노릇이란 하늘에 부합하는 일이다.

---

7   춘추 시대에 살았던 큰 도적 무리의 우두머리다.
8   은(殷)나라 말기의 전설적 성인이다.

하늘에 부합하는 게 자연의 이치다. 자연의 이치여야 오래갈 수 있다. 죽을 때까지 위태롭지 않을 수 있다.

늘 그러한 이치란 세상 만물의 본성을 뜻한다. 사람도 마찬가지다. 그 사람의 본성을 파악해야 그를 포용하려는 마음이 생긴다. 포용하려는 마음이 생겨야 그를 정말로 공평하게 대할 수 있다. 이런 관계는 하늘의 섭리에 부합하고, 자연의 이치를 거스르지 않는다. 덕분에 오래 지속될 수 있다. 오래가면서도 아슬아슬하지 않을 수 있다.

『도덕경』에는 이런 대목도 있다.

의지를 불태워 억지로 무슨 일을 하려는 사람은 결국 그 일을 망치게 되고, 꽉 잡고 집착하는 사람은 결국 그것을 잃게 된다. 성인은 억지로 함이 없기 때문에 망치지 않고, 집착하지 않기 때문에 잃지 않는다.

세상만사가 내 뜻대로 흘러가지 않음을 모르는 사람은 없다. 하지만 여전히 많은 이들이 애써 의지를 불태운다. 억지로 일을 도모하느라 스스로를 희생하고 자신의 본성을 거스른다. 억지로 발휘하는 대표적 의지가 계획이다. 우리는 무슨 일을 할 때 목수가 각종 도구를 동원해 나무를 가공하듯 신중하고 치밀하게 이런저런 계획을 세운다. 그러나 '계획대로 하겠다'라는 마음은 '억지로 하겠다'라는 마음과 일맥상통할지도 모른다.

◆ 화내지 않고 조화롭게 사는 사람들의 비결

아내에게는 아내만의 철두철미한 계획이 있었다. 그래서 계획이 틀어질 기미가 보이면 불편함을 감출 수 없었다. 그렇게 억지로 아이의 입에 숟가락을 갖다 대었다. '불편'의 다른 말은 '불안'이다. '억지로'의 다른 말은 '하는 수 없이'다. 불안을 피하려고 하는 수 없이 아이의 입으로 밥을 밀어 넣은 것이다.

불안을 참지 못해 '하는 수 없이' 하는 일들이 있다. 예컨대 본성을 해치는 공부가 있고, 자신을 희생시키는 운동이 있다. 편안하고 여유롭지 못한 상태에서 하는 일은 망치기 쉽다. 억지로 집착하는 무언가는 잃어버리기 쉽다.

『도덕경』에는 이렇게 적혀 있다.

> 마무리 짓는 일을 맡은 사람은 따로 있다. 그를 대신해서 마무리 짓는 것은 목수를 대신해서 나무를 베는 것과 같다. 목수를 대신해서 함부로 나무를 베는 사람은 그 손을 다치지 않는 경우가 드물다.

아이의 본성을 마무리 짓는 일은 아이에게 맡겨진 일이다. 부모의 본성을 마무리 짓는 일은 부모에게 맡겨진 일이다. 세상 만물의 본성을 마무리 짓는 일은 각자에게 맡겨진 일이다.

나의 본성도 파악하지 못한 채 남의 본성을 파악하려 하면 많은 희생이 따른다. 나의 본성도 마무리 짓지 못한 채 남의 본성을 마무리 지으려 하면 목숨을 바치더라도 완수하기 어렵다. 마침내 본성대로 흘러갈 것이란 확신과 희망이 중요하다. 이를 위해 먼저 나의 본성과 남의 본성을 있는 그대로 받아들일 준비를 해야 한다. 세상 모두의 개성을 존중하려는 마음을 갖추어야 한다.

남의 일을 내 계획의 일부라고 생각하면 분노와 좌절에 휩싸이기 쉽다. 반면 내 계획을 유연하게 조정할 수 있다면 다른 사람과 조화를 이룰 수 있다. 크게 희생할 일이 없다.

세상을 내 기준에 끼워 맞추려는 사람은 목숨을 다 바쳐도 목표를 달성할 수 없다. 반면 나를 자연스레 이 세상에 밀어 넣는 사람은 자신의 본성과 자연의 이치를 모두 보전한다. 이런 사람은 억지로 목숨을 바치지 않아도 된다. 하는 수 없이 희생할 필요가 없다.

마찬가지로 아이를 부모의 뜻대로 하려고 하면 부모는 조급해지기 쉽다. 아이 역시 힘들다. 대신 아이가 끝내는 본성대로 클 것이라 믿고 기다려보면 어떨까. 부모의 마음에 여유와 평화가 가득 찰 것이다.

방향을 바꾸는 일은 얼마든지 가능하다. 하지만 본성을 바꾸는 일은 무슨 수를 쓰더라도 불가능하다. **작게 현혹된 사람은 본성을 살리는 쪽으로 방향을 틀고, 크게 현혹된 사람은 본성을 바꾸려 든다.** 모두의 희생이 불가피한 세상은 불안하고 억지스럽고, 모두의 개성이 존중받는 세상은 편안하며 자연스럽다. 어떤 세상으로 도약할지는 마음먹기에 달려있다.

10

매도매독
작은 만족이 행복의 시발점

죄로는 지나친 욕심이 가장 무겁고,

재앙으로는 만족함을 모르는 것이 가장 크며,

잘못으로는 억지로 이뤄내려는 것이 가장 심각하다.

그러므로 만족함을 깨달음으로써 얻게 되는 만족함만이

항상 만족스럽다.

—

죄막후어심욕(罪莫厚於甚欲) 화막대어부지족(禍莫大於不知足)

구막대어욕득(咎莫大於欲得) 고지족지족(故知足之足) 상족의(常足矣)

_『도덕경』

말은 발굽으로는 서리나 눈을 밟고

털로는 바람과 추위를 막는다.

풀을 뜯고 물을 마시며 발을 높이 들고 뛰어다닌다.

이것이 말의 참된 본성이다.

—

마(馬) 제가이천상설(蹄可以踐霜雪) 모가이어풍한(毛可以禦風寒)

흘초음수(齕草飮水) 교족이륙(翹足而陸) 차마지진성야(此馬之眞性也)

_『장자』「마제(馬蹄)」

◆ 특별한 사람이 되고 싶었다

어느 날 이발을 하러 갔다. 손을 바삐 놀리던 이발사 아저씨가 말문을 열었다.

"방금 머리 깎고 나간 청년은 벌써부터 나이 드는 게 무섭답니다."

그분께 물었다.

"청년은 나이 드는 게 무서우면 안 되는 겁니까?"

이발사 아저씨가 답했다.

"내가 청년이었을 때를 돌이켜보면 좀 달라서요. 내게는 시간이 흐를수록 무서울 일이 줄어들 거라는 확신이 있었거든요."

다시 물었다.

"그 청년은 정확히 뭐가 그렇게 무섭답니까?"

이발사 아저씨가 답했다.

"아무것도 이룬 게 없어서 무섭답니다."

이발사 아저씨의 말을 듣고 착잡한 마음이 들어 한동안 입을 다물 수밖에 없었다.

청년의 말이 슬프게 느껴진 건 삶의 목적이 반드시 뭔가를 이뤄내는 데 있는 것 같아서였다. 뭔가를 이뤄내지 못한 인생은 실패한 인생 같아서였다. 청년의 말은 이렇게 들리기도 했다.

'나이를 먹었다. 남들에게 내가 이룬 것이라고 보여줄 만한 게 없다. 실패했다.'

『장자』「마제」에는 이런 대목이 나온다.

말은 발굽으로는 서리나 눈을 밟고 털로는 바람과 추위를 막는다. 풀을 뜯고 물을 마시며 발을 높이 들고 뛰어다닌다. 이것이 말의 참된 본성이다.

… (중략) …

백락[9]이라는 사람이 나와서 '나는 말을 잘 다룬다'고 하면서 피부에 낙인을 찍고, 털을 깎고, 발굽을 다듬고, 굴레를 씌우고, 다리를 묶어 고삐와 띠를 맨 다음 구유가 딸린 마구간을 지어 줄줄이 묶은 후 넣어두었다. 그러자 살지 못하고 죽는 말이 열에 두세 마리나 되었다.

게다가 말을 굶주리게도 하고, 목마르게도 하고, 계속 뛰거나 갑자기 달리게도 하며, 가지런히 정렬시켜 발 맞추어 걷게도 하고, 나란히 줄지어 다니게도 했다. 그러자 말들은 앞으로는 재갈과 머리 장식, 거추장스러

---

9 춘추 시대의 사람으로 말의 좋고 나쁨을 잘 가려냈으며, 말의 병도 잘 고쳤다고 알려져 있다.

운 가슴받이 장식으로 끌려다니는 괴로움을 당하게 되었고, 뒤로는 가죽이나 대나무 채찍으로 때려대는 위협을 당하게 되었다. 그러자 살지 못하고 죽는 말이 절반도 넘게 되었다.

초등학생 때였다. 우리 교실은 4층에 있었다. 눈앞이 아찔해지는 높이였다. 하루는 친구들이 모두 지켜보는 앞에서 1층 화단으로 뛰어내렸다. 별다른 이유는 없었다. 허공에 붕 떴다가 발이 땅에 닿는 순간 위에선 환호성이 들려왔다. 그게 짜릿했다. 남들은 쉽게 할 수 없는 특별한 뭔가를 해냈다는 기분에 사로잡혔다. 그게 좋았다. 하루는 담임선생님에게 이 아슬아슬한 장난을 들켰다. 아버지는 교장 선생님과 면담을 해야 했다. 그때 들키지 않았다면 어땠을까. 다리가 부러지도록 뛰어내리는 일을 멈추지 않았을지 모른다.

상담을 가르쳐 주신 선생님과 그때의 일에 대해 이야기 나눌 기회가 있었다. 선생님이 물었다.

"그때 넌 뭐 때문에 계속 뛰어내려야 했을까?"

"글쎄요. 남들과는 달라지고 싶었달까요. 특별한 뭔가를 빨리 이뤄내고 싶다는 마음이 컸던 것 같습니다."

선생님이 다시 물었다.

"만일 지금 그때로 돌아갔다고 치자. 어린 네가 창틀에 위태롭게 서 있다. 어린 네 자신에게 한마디 해줄 수 있다면 뭐라고 하겠나?"

잠시 깊은 생각에 잠기지 않을 수 없었다. 그리고 대답했다.

"꼭 매번 특별한 뭔가를 이뤄낼 필요는 없다고요. 특별한 뭔가는 아주 가끔씩만 이뤄내도 훌륭하다고요. 아니, 그냥 평생 특별한 뭔가를 이뤄내지 못하더라도 괜찮다고요. 다칠지도 모르니 무서우면 당장이라도 몸을 돌려 내려오라고요. 누구도 널 비난하지 않을 거라고요. 그런 너라도 난 상관없다고요."

말을 마치는데 눈물이 흘러내렸다.

◆ 세상의 기준에 맞추려다 잃어버리는 것들

우리 대다수는 저마다의 기준으로 세상을 바라보며 살아간다. 그 저마다의 기준은 어디서 생겨난 것일까? 타고난 기질에 따라 자연스레 발생하는 것일까? 물론 그럴 수도 있다. 하지만 그게 전부는 아니다. 각자의 기준에 알게 모르게 영향을 끼치는 것이 있으니 바로 세상의 기준이다. 기준을 만드는 기준이 또 있는 셈이다.

낙인 찍힘, 털 깎임, 발굽 다듬어짐, 굴레 씌워짐, 고삐 매어짐, 이 모두를 거부하지 않아야 비로소 맞출 수 있는 기준. 굶주리고 목마르더라도 뛸 땐 뛰어야지만 맞출 수 있는 기준. 좋든 싫든 남들이 걸을 때 가지런히 발 맞춰 걷고 줄지어 나아갈 수 있는 그 기준. 이것이 세상이 제시하는 '기준의 기준'이다.

말은 발굽으로 서리와 눈을 밟고, 털로는 바람과 추위를 막는다. 자유로이 풀을 뜯고 물을 마신다. 평화로이 두 발을 높이 쳐들고 노닌다. 본성의 모습이다. 그런데 사람들은 자연 그대로의 말을 그냥 두지 않는다. 자신들이 만든 세상의 기준에 말을 맞추려 한다.

재갈, 머리 장식, 가슴받이 장식은 기준의 기준을 상징한다. 가죽 채찍, 대나무 채찍도 기준의 기준을 상징한다. 말들은 기준의 기준에 애써 자신을 끼워 맞추려고 안간힘을 쓴다. 그러다 살지 못하고 죽는 말이 절반 이상이나 된다. 이게 과연 말의 얘기일까. 어쩌면 세상의 기준에 맞추느라 정작 자신은 잃어버린 사람들의 얘기는 아닐까.

미국의 유명한 체조선수 시몬 바일스는 2020년 도쿄 올림픽에 출전했다가 한 종목만 뛰고 기권했다. 이유는 단순했다. '나의 정신 건강을 위해서.' 사람들은 국가대표로서의 책임을 다하지 않은 그녀에게 비난의 화살을 쏟아부었다. 하지만 어느 유명한 가수가 SNS에 그녀의 선택을 지지하는 글을 남기면서 여론이 바뀌었다.

"온 세상을 다 얻었더라도 당신의 영혼을 잃었다면 그게 무슨 소용인가."

이후 미국 유니세프는 '성공보다 정신 건강을 우선해도 좋다는 사실을 세상에 보여준 바일스에게 감사하다'라는 성명을 발표했다.

장자가 살아있었다면 어땠을까. 장자 역시 그녀에게 이런 격려의 말을 건네지 않았을까.

'백락의 기준을 다 맞춰내더라도 그대의 본성을 잃는다면 무슨 소용인가?'

◆ 만족을 깨달음으로써 얻는 만족

『도덕경』에 이런 대목이 있다.

> 세상에 도(道)가 실현되어 있으면 전쟁에 쓰일 말로 농사를 짓고
> 세상에 도가 실현되어 있지 않으면 말들이 전쟁터에서 새끼를 낳는다.
> 죄로는 지나친 욕심이 가장 무겁고,
> 재앙으로는 만족함을 모르는 것이 가장 크며,
> 잘못으로는 억지로 이뤄내려는 것이 가장 심각하다.
> 그러므로 만족함을 깨달음으로써 얻게 되는 만족함만이 항상 만족스럽다.

만족의 기준은 가진 조건과 처한 상황에 따라 쉽게 달라진다. 이발소 아저씨가 말한 청년의 진짜 두려움은 단순히 나이 듦이 아니었을지 모른다. 가진 조건과 처한 상황에 대한 불만족이 오히려 컸을 것이다. 나이가 들더라도 이 불만족이 해결되지 않으리라는 조마조마함이 그를 두려움으로 몰아넣었을 것이다.

그 청년을 우연히라도 만난다면 묻고 싶다. 지금에 이르기까지 별로 이룬 게 없는 나 자신과 앞으로 뭐가 됐든 이룰 수 있다는 희망을 포기한 나 자신. 이 둘 가운데 무엇이 더 무서우냐고. 그리고 동생뻘 되는 그를 한번 꼭 안아주고 싶다.

매도매독(賣刀買犢)이라는 말이 있다. '칼을 팔아 송아지를 산다'라

는 뜻이다. 이 말은 평화로운 세상을 상징하며, 그저 먹고사는 일에만 전념한다는 의미를 담고 있다. 그러나 칼도 송아지도 놓아버릴 수 없는 게 오늘날의 현실이다. 많은 이가 오늘 하루도 뭔가 이뤄냈음을 발견하려 노력하다 좌절하고 있다. 자신의 본성을 깎아내면서까지 백락의 기준에 끼워 맞추려고 아등바등하고 있다. 그야말로 전쟁 같은 하루하루를 살아내고 있다. 이런 상황에선 전쟁에 쓰이는 말과 농사 짓는 말을 구분함 자체가 사치스럽게 느껴진다. 만족을 말하기에 앞서 주린 배를 채우고 살아남는 게 급선무다.

하지만 오늘도 전선에서는 자식들이 태어나고 있고, 또 우리는 그들을 희망으로 길러내야 할 의무가 있다. 그래서 내려놓음이 더 간절하다. **이럴 때일수록 오늘 하루를 살아냈다는 사실만으로도 만족할 수 있는 지혜가 필요하다.** 그 만족을 통해 다시 나아갈 힘을 얻고, 더 큰 만족을 구할 수 있다. 그리고 이 작은 만족은 기준의 기준, 세상의 기준이 우리 본성을 해치지 못하도록 보호해 주는 최소한의 방어막이 될 것이다.

11

상선약수
욕심이 없는 마음은 훔칠 수 없다

가장 훌륭한 좋음의 기준은 물과 같다.
물은 만물을 이롭게 하면서도 다투지 않고
사람들이 싫어하는 조건과 상황에 처하길 꺼리지 않는다.
그러므로 도道에 가깝다.

상선약수(上善若水)

수선리만물이부쟁(水善利萬物而不爭) 처중인지소오(處衆人之所惡)

고기어도(故幾於道)

_『도덕경』

작은 상자를 열고 주머니를 뒤지며
궤짝을 뜯는 도둑에 대비하려면
반드시 끈이나 줄로 꽉 묶고
빗장과 자물쇠를 튼튼이 채워야 한다.
이것이 이른바 세상에서 말하는 일반적인

도둑을 방비하는 지혜다.

하지만 큰 도둑이 오면, 그는 곧 궤짝을 통째로 짊어지고
상자는 그대로 손에 들며 주머니째로 어깨에 메고 달아난다.
그러면서 오직 끈이나 줄, 빗장과 자물쇠가 견고하지 못하면
어쩌나만을 걱정한다.

—

장위거협심낭발궤지도이위수비(將爲胠篋探囊發匱之盜而爲守備)

즉필섭함등(則必攝緘縢) 고경휼(固局鐍)

차세속지소위지야(此世俗之所謂知也)

연이거도지(然而巨盜至) 즉부궤게협담낭이추(則負匱揭篋擔囊而趨)

유공함등경휼지불고야(唯恐緘縢局鐍之不固也)

_『장자』「거협(胠篋)」

◆ 큰 도둑과 작은 도둑의 차이

 멋진 조건이나 유리한 상황을 보고 상대방에게 접근하는 남녀와
이로 인해 벌어지는 각종 해프닝은 문학, 영화 등의 단골 소재다. 이
런 이야기는 거의 같은 결말을 맺는다. 흑심을 가지고 접근한 사람이
전보다 못한 조건에 처하게 되거나 벌을 받는 것이다. 조건과 상황에
따른 우연한 만남과 비극적 결말. 이는 어찌 보면 당연한 일이다.

욕심이 없는 마음은 훔칠 수 없다   101

『장자』「거협」에는 이런 대목이 있다.

작은 상자를 열고 주머니를 뒤지며 궤짝을 뜯는 도둑에 대비하려면 반드시 끈이나 줄로 꽉 묶고 빗장과 자물쇠를 튼튼이 채워야 한다. 이것이 이른바 세상에서 말하는 일반적인 도둑을 방비하는 지혜다.

하지만 큰 도둑이 오면, 그는 곧 궤짝을 통째로 짊어지고 상자는 그대로 손에 들며 주머니째로 어깨에 메고 달아난다. 그러면서 오직 끈이나 줄, 빗장과 자물쇠가 견고하지 못하면 어쩌나만을 걱정한다.

세상에서 말하는 지혜란 무엇인가. 큰 도적을 돕는 꼴이다. 큰 도적을 위해 재물을 잘 쌓아두는 꼴이다.

『장자』「거협」의 말이 이어진다.

옛날 제(齊)나라는 이웃 고을이 서로 바라보였다. 닭 우는 소리와 개 짖는 소리가 울려 퍼졌다. 고기 그물과 새 그물이 펼쳐지는 곳과 쟁기와 괭이로 경작되는 땅이 사방 이천여 리에 달했다. 그런데 전성자(田成子)[10] 라는 인

10　본명은 진항(陳恒)이다. 전상(田常)으로 불리기도 한다. 제나라의 군주였던 간공(簡公)을 죽이고, 간공의 아우였던 오(驁)를 추대하여 평공(平公)으로 세웠다. 이후 스스로 재상이 돼 국정을 전횡했다. 전상의 증손인 전화(田和)에 이르러 결국 군주를 내쫓고, 전씨(田氏) 스스로 제나라의 군주가 됐다. 이때부터 진나라에 멸망하기까지의 제나라를 전제(田齊)라 부르기도 한다. 전씨가 계승했다는 뜻이다.

물이 하루아침에 제나라 임금을 죽였다. 나라를 통째로 도둑질했다.

전성자가 훔친 것이 어찌 나라뿐이겠는가? 그는 성인(聖人)의 지혜도 훔쳤다. 성인의 지혜를 힘입어 그동안 잘 유지돼 오던 제나라의 법도와 문화까지 그대로 도둑질했다. 전성자는 비록 도둑이라는 이름을 얻긴 하였다. 하지만 몸은 요임금이나 순임금처럼 편안히 지냈다. 작은 나라는 감히 그를 비난하지 못했다. 큰 나라는 감히 그를 정벌할 엄두를 내지 못했다. 그렇게 전성자의 후손들은 열두 세대에 걸쳐 제나라를 차지했다. 이는 도적이 대대로 자신의 몸을 잘 지켜낸 것이나 다름없다.

이런 대목도 있다.

성인이 죽지 않으면 큰 도둑도 사라지지 않는다.

성인은 세상을 위해 말과 됫박을 만들어 곡식의 양을 헤아린다. 그러면 도둑은 말과 됫박까지 훔친다. 이것들을 아울러 쓰며 도둑질한다. 성인은 저울을 만들어 무게를 잰다. 그러면 도둑은 저울까지 훔친다. 성인은 부신(符信)[11]과 도장을 만들어 백성들에게 신뢰를 준다. 백성들이 그것을 믿게 되면 도둑은 부신과 도장을 아울러 쓰며 도둑질한다.

허리띠 고리를 훔친 사람은 처형을 당한다. 나라를 도적질한 사람은 제후

---

11 찢거나 나눠 서로 지니는 증표다. 서로의 증표가 맞으면 증거로 삼을 수 있다. 옛날에 신분을 증명하던 증명서의 일종이다.

가 된다. 그러므로 큰 도적의 방법을 따라 제후가 일어나게 되는 것이다.

이 대목에서 성인은 그저 뛰어난 사람을 뜻하는 말이 아니다. '억지로 애를 써서 뭔가를 잘 해내려는 노력'을 뜻한다.

◆ 지혜를 추구하는 욕심과 혼란

언젠가 집단상담에서 만났던 청년은 이렇게 말했다.

"고등학교를 졸업한 뒤 먹고살 길이 막막했어요. 별 기대 없이 냉면집을 시작했죠. 그게 말 그대로 대박을 터뜨렸어요. 죽을 둥 살 둥 일했어요. 돈도 열심히 모았고요. 몇 년 뒤 슈퍼카를 장만하기로 했어요. 제 자신에게 주는 선물로요. 근데 아무리 기다려도 소식이 없더라고요. 알고 보니 사기를 당한 거였어요. 슈퍼카를 인도받기로 했던 항구에 하릴없이 앉아있었어요. 일렁이는 파도에 그대로 몸을 던지고 싶기도 했어요. 멍하니 지내는 시간이 늘어났어요. 문득 학창시절 선생님에게 들었던 말이 떠올랐어요. '흘러가는 대로 살아.' 불현듯 떠오른 그 말이 큰 힘이 됐어요. '그래, 그냥 흘러가는 대로 살자!' 엉덩이를 툭툭 털고 일어났어요. 그날 이후로 항구를 찾지 않았어요. 제 인생의 모토는 지금도 그래요. 그냥 흘러가는 대로 사는 거예요."

흘러가는 대로 사는 삶의 반대말은 무엇일까. 억지로 애를 쓰는 삶이다.

『장자』「거협」에는 이런 대목이 있다.

> 활과 쇠뇌, 새그물과 주살, 덫과 올가미 같은 도구를 쓰려는 지혜가 많아졌다. 그러자 새들은 하늘을 어지러이 날게 됐다.
>
> 낚싯바늘과 미끼, 크고 작은 그물, 투망과 통발 같은 도구를 쓰려는 지혜가 많아졌다. 그러자 물고기들은 물속을 어지러이 헤엄치게 됐다.
>
> 덫과 함정 같은 도구를 쓰려는 지혜가 많아졌다. 그러자 짐승들은 숲속을 어지러이 뛰어다니게 됐다.
>
> 남을 이기려는 지혜, 거짓과 속임수, 매끄러운 말재주가 많아졌다. 그러자 궤변과 논쟁, 의견의 차이가 심해졌다. 궤변과 논쟁, 의견의 차이가 심해지니 교묘한 말다툼이 사람들을 미혹했다. 그러므로 세상이 캄캄해지고 크게 어지러워짐은 지혜를 좋아한 탓이다.
>
> 세상 사람들은 아직 알지 못한 것을 알려고만 한다. 이미 알고 있는 것을 추구할 줄은 모른다. 자기가 좋지 않다고 생각하는 것을 비난할 줄만 안다. 자기가 이미 좋다고 생각하는 것을 비판할 줄은 모른다. 그래서 세상은 크게 어지러워지는 것이다.

흔히 생각하기에 끊임없이 새로운 지혜를 추구하는 것은 가치 있고 바람직한 일이다. 반대로 주어진 조건과 상황에 순응하는 것이나 흘러가는 대로 사는 일은 형편없는 패배주의에 불과하다. 하지만 과연

욕심이 없는 마음은 훔칠 수 없다

그럴까. 장자의 말처럼 오히려 지혜를 추구하는 욕심이 세상을 어지럽게 만드는 것은 아닐까. 이미 가진 것에 만족하지 못하도록 조장하는 것은 아닐까.

◆ 어떤 말재주로도 속이기 힘든 사람의 특징

『도덕경』에는 이런 대목이 있다.

> 세상 사람들이 모두 아름답다고 하는 것을 아름다운 것으로 알면 이는 추하다.
> 세상 사람들이 모두 좋다고 하는 것을 좋은 것으로 알면 이는 좋지 않다.

많은 사람이 아름답게 여기는 조건과 상황이 있다. 그러나 그게 꼭 내 기준이어야 할 필요는 없다. 억지로 애를 써서 내 삶을 다른 기준에 끼워 맞추려 하면 되레 추한 결말을 낳을 수 있다. 대다수가 좋다고 하는 조건과 상황도 있다. 그러나 그게 꼭 좋은 건 아닐 수도 있다. 남들이 좋다고 하는 것만을 좇다가는 불행의 늪에 빠질 수도 있다.

아름다움과 좋음의 기준은 다른 사람이 아닌 나에게 있다. 다른 사람의 주인이 되거나 세상의 주인이 되기 위해 자신의 주인됨을 포기하는 짓은 어리석다.

『도덕경』에는 이런 대목도 있다.

가장 훌륭한 좋음의 기준은 물과 같다. 물은 만물을 이롭게 하면서도 다투지 않고 사람들이 싫어하는 조건과 상황에 처하길 꺼리지 않는다. 그러므로 도에 가깝다.

물의 특징이 무엇인가. 그저 흘러가는 대로 자신을 맞춘다는 것이다. 그 어떤 훌륭한 활로도 물을 쏘아 맞힐 수 없다. 그 어떤 촘촘한 그물로도 물을 낚을 수 없고, 그 어떤 교묘한 덫과 함정으로도 물을 잡을 수 없다. 이러한 물의 힘은 흘러가는 조건과 상황에 자신의 기준을 맞춰내는 능력에 있다.

사람도 마찬가지다. 뛰어난 지혜, 말재주, 속임수로도 상대하기 어려운 사람이 있다. 유연하게 자신의 기준을 조정하는 사람이다. 이런 사람은 대립을 통해 차이를 좁히려 하지 않는다. 수용을 통해 차이를 그대로 두고 그가 먼저 자신의 패를 보이게 만든다. 마찬가지로 도둑을 잘 방비함보다 지혜로운 방법이 있다. 애초에 도둑질할 거리가 없도록 비워놓는 것이다. 도둑질 자체가 불가능한 조건과 상황을 만드는 것이다.

작은 도둑은 물건을 훔치고, 큰 도둑은 마음을 훔친다. 작은 도둑을 방비하려는 사람은 자신의 물건을 챙기지만, 큰 도둑을 방비하려는 사람은 자신의 마음을 단속한다. 솜씨 좋은 도둑은 여러 가지 지혜를 발휘해 누군가의 조건과 상황을 일순간에 도둑질하기도 한다. **하지만 아무리 대단한 도적도 절대 훔칠 수 없는 게 있다. 바로 텅 비워진 마음이다.**

12

지, 욕, 작위
가벼운 인생을 위해 멀리해야 할 것들

그러므로 성인은 이렇게 말한다.
'내가 작위하지 않으면 백성들은 저절로 교화되고,
내가 고요하게 쉬길 좋아하면 백성들은 저절로 올바르게 된다.
내가 일거리를 만들지 않으면 백성들은 저절로 풍요로워지고,
내가 욕심을 버리면 백성들은 저절로 순수해진다.'

———

고성인운(故聖人云)

아무위(我無爲) 이민자화(而民自化) 아호정(我好靜) 이민자정(而民自正)

아무사(我無事) 이민자부(而民自富) 아무욕(我無欲) 이민자박(而民自樸)

_『도덕경』

천하를 있는 그대로 놓아두는 까닭은
천하 사람들이 그들이 타고난 덕德을 바꿀까 두렵기 때문이다.
천하 사람들이 자신의 본성을 어지럽히지 않고
자신의 타고난 덕을 바꾸지 않는다면

따로 특별히 천하를 다스려야 할 일이 있겠는가?

—

유지야자(宥之也者) 공천하지천기덕야(恐天下之遷其德也)

천하불음기성(天下不淫其性) 불천기덕야(不遷其德也) 유치천하자재(有治天下者哉)

_『장자』「재유(在宥)」

◆ 자신의 본성을 어지럽히는 세 가지

부부를 위한 집단상담에서 있었던 일이다. 일단 생각이 들었다 하
면 무엇이든 바로 해치워야 직성이 풀리는 남편과 세상에서 혼자만
의 시간이 가장 귀한 아내가 있었다. 아내가 이렇게 말했다.

"부대끼며 살다 보면 다투는 건 당연하다고 생각해요. 자주 다투지
않으면 가장 좋겠죠. 근데 다투더라도 그 뒤에 잘 푸는 게 중요하지
않을까요? 저는 풀리기까지 충분한 시간이 필요해요. 억지로 풀린 척
하긴 더 싫고요. 남편은 금세 화가 나기도 해요. 그만큼 금방 풀어지
기도 해요. 문제는 그거예요. 자기가 풀렸다고 저까지 빨리 풀리길 바
란다는 거."

『장자』「재유」에는 이런 대목이 있다.

천하를 있는 그대로 내버려둔다는 이야기는 들었어도 천하를 다스린다

는 말은 듣지 못했다.

천하를 있는 그대로 내버려두는 까닭은 천하 사람들이 그들의 본성을 어지럽힐까 염려되기 때문이다.

천하를 있는 그대로 놓아두는 까닭은 천하 사람들이 그들이 타고난 덕을 바꿀까 두렵기 때문이다.

천하 사람들이 자신의 본성을 어지럽히지 않고 자신의 타고난 덕을 바꾸지 않는다면 따로 특별히 천하를 다스려야 할 일이 있겠는가?

장자는 자신의 본성을 어지럽히는 몇 가지를 말한다. 첫째, **지(知)**다. 이는 '알 수 없는 것들을 끊임없이 알아내려는 노력'을 뜻한다. 둘째, **욕(欲)**이다. 이는 '불필요한 욕심'을 뜻한다. 셋째, **작위(作爲)**다. 이는 '억지로 어떠어떠하게 만들고자 함'을 뜻한다.

반면 장자 철학에서 덕이란 '사람에게 생명력을 불어넣는 바탕'이다. 생명력의 다른 말은 활기(活氣)다. 활기란 '나를 살리고 다른 사람도 살리는 기운'이다. 장자의 입장에서 덕이 가득 찬 사람은 삶에 활기가 넘치는 사람이다. 덕이 부족한 사람은 삶에 활기가 부족한 사람이다.

이를 바탕으로 『장자』「재유」의 진술을 다시 풀면 다음과 같다.

'세상을 있는 그대로 내버려두는 까닭은 무엇인가. 아무리 노력해도 알 수 없는 것들을 가만두기 위함이다. 불필요한 욕심을 줄이기 위함이다. 억지로 어떻게 만들려는 마음을 누르기 위함이다.

세상을 있는 그대로 놓아두는 이유는 무엇인가. 사람들이 활기 얻는 일에 매진하길 바라기 때문이다. 하기 싫은 일에 억지로 매진하지 않길 바라기 때문이다.'

◆ 본성과 덕을 해치지 않는 다스림의 요체

원로 교수자들의 회식에 함께했다. 자녀 이야기가 오가기 시작했다. 부모의 뒤를 이어 교수가 된 자녀. 의사 자녀. 변호사 자녀. 여러 자녀가 소개됐다. 맞은편에 앉았던 교수자 한 분만 침묵으로 일관했다. 궁금한 마음이 들었다. 조심스레 그분께 여쭸다.

"슬하에 자녀분이 없으신지요?"

그분이 대답했다.

"없긴요. 열심히 사는 아들 녀석이 하나 있지요."

다시 여쭸다.

"실례가 안 된다면 아드님께선 어찌 사시는지 여쭤봐도 괜찮겠습니까?"

그분이 대답했다.

"주방에서 요리를 합니다."

"교수님께선 평생 철학을 하셨잖아요. 아드님이 철학도의 길을 걷지 않는 게 서운하진 않으세요? 물려주실 게 많았을 것 같은데요."

그분은 이렇게 대답했다.

"아들이 진짜 원하는 게 뭔지 모르겠더라고요. 알 수 없는 걸 계속 알아내려는 건 내 철학에 맞질 않아요. 그래서 억지로 알고자 하질 않았습니다. 스스로 이야기해 주길 기다렸지요. 어느 날 요리를 하고 싶다 그러더라고요. 조금 놀랐습니다. 나처럼 교수자가 되길 바랐던 마음도 있었던 것 같아요. 근데 그건 내 욕심이라는 사실을 깨달았지요. 쓸데없는 욕심 말입니다.

나는 가난한 집안에서 자랐어요. 공부만이 전부인 줄 알았지요. 억지로 공부에 매달릴 수밖에 없었던 것 같아요. 교수자로 살며 보람도 있었지만 늘 약간의 허전함도 있었어요. 생각해 보면 썩 활발한 삶은 아니었던 것 같아요. 그래서 그냥 아들을 응원해 줬습니다. 기왕 할 거면 세상에서 제일 맛있는 요리를 해보라고요. 많은 사람의 입을 즐겁게 해주라고요. 그냥 하고 싶은 대로 하게 내버려 뒀어요.

가끔 내게도 요리를 해줘요. 세상에서 제일 맛있는지는 모르겠어요. 그래도 나보단 활기차게 살아가는 것 같아요. 그 정도면 됐죠. 뭘 더 바라겠어요."

그때는 그분의 말을 완전히 이해하기 어려웠다. 부모가 된 지금은 그때 그분의 말에서 많은 영감을 얻는다. 그분의 말에는 본성과 덕을 해치지 않는 다스림의 요체가 녹아있다. 그 결과가 나타나 있다.

『장자』「재유」에는 이런 대목도 있다.

편안해하지 못하고 즐거워하지 못하는 건 타고난 덕이 아니다. 타고난 덕에 어긋나면서도 오래갈 수 있는 경우는 없다. 이런 식으로는 잘하는 사람에게 최고의 상을 준다 해도 잘하도록 할 수 없다. 잘못한 사람에게 최악의 벌을 준다 해도 충분히 위협할 수 없다.

세상의 광대함이란 상벌로만 다스릴 수 없다.

알맞은 보상과 처벌은 동기부여의 보약이다. 하지만 지, 욕, 작위를 조장하는 상벌은 타고난 본성과 덕을 해친다. 자신의 본성과 덕을 잃은 사람은 어떤 보상으로도 만족할 수 없게 된다. 어떠한 처벌로도 통제할 수 없게 된다.

『장자』「재유」의 말이 이어진다.

자기 몸을 천하를 다스리는 것보다 귀하게 여기는 사람이 있다.

그에겐 천하를 맡겨도 괜찮다.

자기 몸을 천하를 다스리는 것보다 아끼는 사람이 있다.

그에겐 천하를 다스리게 해도 괜찮다.

지, 욕, 작위에는 공통점이 있다. 한번 마음에 싹이 트면 떨쳐버리기 어렵다는 것이다. **삶을 잘 다스리는 첫걸음은 바로 마음에서 이런 지, 욕, 작위를 내려놓는 것이다.** 이로써 본성과 덕을 살리기 시작할 수 있다.

◆ 알 수 있는 것만 알면 삶이 가벼워진다

『도덕경』에는 이런 대목이 있다.

> 올바름으로써 나라를 다스리고, 기특함으로써 군사를 움직이며, 아무
> 일 없음으로써 천하를 차지한다.
> … (중략) …
> 세상에 금기가 많을수록 백성들은 더욱 등을 돌리고, 백성들에게 날카
> 로운 도구가 많을수록 나라는 더욱 혼란해진다. 사람들에게 아는 것이
> 많아질수록 이상한 짓도 점점 많아지고, 좋아서 법도로 삼을 만한 일들
> 이 더욱 드러날수록 도적도 많아지게 된다.
> 그러므로 성인은 이렇게 말한다.
> '내가 작위하지 않으면 백성들은 저절로 교화되고, 내가 고요하게 쉬길
> 좋아하면 백성들은 저절로 올바르게 된다. 내가 일거리를 만들지 않으
> 면 백성들은 저절로 풍요로워지고, 내가 욕심을 버리면 백성들은 저절
> 로 순수해진다.'

올바름을 뜻하는 정(正)은 '하나[一]로 그친다[止]'라는 뜻이다. 올
바름이란 하나의 단순함을 뜻하고, 몹시 상식적인 진리를 뜻한다. 하
나의 단순하고도 상식적인 진리란 무엇일까. '알 수 있는 것만을 알려
고 하는 것'이다.

알 수 없는 것을 억지로 알아내려고 하면 삶은 복잡해진다. 알 수 있는 것만을 알려고 하면 삶은 간단해진다. 불필요한 욕심을 부리면 삶은 무거워진다. 작은 성취도 기특하게 여기면 삶은 가벼워진다. 무리해서 내 뜻대로 추진해 나가려 하면 실망하기 쉽다. 있는 그대로 놓아두면 감탄하기 쉽다.

지, 욕, 작위. 이 세 가지만 없더라도 삶은 달라질 수 있다. 내게 등을 돌리는 이들이 적어질 수 있다. 나 때문에 혼란스러운 이들이 편안해질 수 있다. 나를 이상하게 여기는 이들이 나를 달리 볼 수 있다. 성인의 다스림은 무엇일까. '제발 있는 그대로 내버려두라'라는 나 자신과 남들과 세상의 아우성. 그 아우성에 귀 기울이는 능력일지도 모른다.

13

안지약명
안 되는 일에 전전긍긍하지 않는다

하늘과 땅은 인仁하지 않다.

만물을 모두 풀로 만든 강아지로 여긴다.

성인聖人도 인하지 않다.

백성을 모두 풀로 만든 강아지로 여긴다.

―

천지불인(天地不仁) 이만물위추구(以萬物爲芻狗)

성인불인(聖人不仁) 이백성위추구(以百姓爲芻狗)

_『도덕경』

지知에게 명령하여 진주를 찾아보게 하였으나 찾지 못했다.

이주離朱에게 찾아보게 하였으나 찾지 못했고,

개후喫詬에게 찾게 하였으나 역시 찾지 못했다.

이에 상망象罔을 시켜 찾아보게 하였더니 상망이 곧 진주를

찾아왔다.

―

사지색지이부득(使知索之而不得) 사이주색지이부득(使離朱索之而不得)

사개후색지이부득야(使喫詬索之而不得也) 내사상망(乃使象罔) 상망득지(象罔得之)

_『장자』「천지(天地)」

◆ 지혜와 총명함, 논리의 한계

어느 부부가 신혼여행에서 결혼반지를 잃어버렸다. 사방을 이 잡듯 뒤졌지만 찾을 수 없었다. 비행기 타야 할 시간이 다가오자 남편이 말했다.

"나도 무척 속상해. 하지만 반지는 어디까지나 상징이지 본질은 아니잖아. 우리 사랑은 여전해. 그리고 무엇보다 '어쩔 수 없는 일'이야."

아내는 속상했지만 남편의 말에 마음이 풀어지는 걸 느꼈다.

『장자』「천지」에도 잃어버린 물건에 대한 이야기가 나온다.

> 황제가 적수(赤水)라는 강가의 북쪽에서 노닐 때였다. 곤륜산 언덕에 올라가 남쪽을 바라보고 돌아오는 길에 그의 검은 진주를 잃어버렸다. 지에게 명령하여 진주를 찾아보게 하였으나 찾지 못했다. 이주에게 찾아보게 하였으나 찾지 못했고, 개후에게 찾게 하였으나 역시 찾지 못했다. 이에 상망을 시켜 찾아보게 하였더니 상망이 곧 진주를 찾아왔다. 황제가 말했다.

"이상하구나! 결국 상망만이 진주를 찾을 수 있었다니."

여기서 지(知)란 '지식과 지혜'를 뜻한다. 세상은 그렇다. 여러 사람이 머리를 맞대고 지식과 지혜를 짜내도 해결할 수 없는 문제들로 가득하다. 지식과 지혜가 나쁜 것은 아니다. 그러나 지식과 지혜만으로 살아갈 순 없다.

이주(離朱)는 눈이 밝기로 유명했던 전설의 인물이다. 그러므로 여기서는 '밝은 시력'을 상징한다. 눈이 밝은 것을 명(明)이라 하고, 귀가 밝은 것을 총(聰)이라 한다. 우리가 흔히 말하는 총명이란 '밝게 보고 밝게 들음'이다. 하지만 아무리 총명한 사람도 늘 밝게 보거나 밝게 들을 수 없다.

개후(喫詬)는 논리와 이성을 상징한다. 논리와 이성은 중요하다. 하지만 논리와 이성만으로 해결할 수 없는 일도 많다. 사람에겐 때때로 이성을 압도하는 감정이 있기 때문이다. 물건을 잃어버렸을 때 대부분 사람은 '어떻게 찾으면 좋을까?'라는 이성적 판단보다 어쩔 줄 모르겠다는 당혹감과 슬픔의 감정을 느낀다. 그리고 역시 감정만으로는 일이 해결되지 않는다.

상망(象罔)은 '흐릿흐릿한 형체'를 상징한다. 아른거리는 아지랑이를 떠올리면 상망의 모습을 짐작해볼 수 있다. 철학적으로 상망은 무심(無心)함을 뜻한다. 황제의 명령을 받은 상망은 특유의 무심함으로 진주를 찾아냈다. 무심히 그것을 황제 앞에 가져다 놓았다.

검은 진주는 무엇을 뜻할까? 검을 현(玄) 자는 원래 '가물가물하다' 라는 뜻이다. 보일 듯 말 듯 희미한 모양이 현이다. 보일 듯 말 듯, 가까운 듯 아닌 듯 애매한 그것, 검은 진주는 바로 도(道)를 상징한다. 도는 애타게 보려고 해도 쉽사리 볼 수 없고, 그것을 얻어서 소중히 간직하려고 해도 쉽사리 잡을 수 없다.

훌륭한 지식과 뛰어난 지혜. 총명함과 탁월한 감각. 탄탄한 논리와 차가운 이성. 이런 것들로는 찾을 수 없는 게 바로 도다. 그것을 결국 상망만이 찾아냈다. 황제는 기뻤다. 동시에 이상했다. 지, 이주, 개후는 간절히 애쓰고 정성으로 분투했으나 도를 찾지 못했다. 그런 도를 무심함으로 일관하는 상망이 찾아냈으니 말이다.

◆ **최선을 다하며 때를 기다리는 삶의 태도**

장자 철학에서 무심의 다른 말은 안명(安命)이다. 『장자』 「덕충부」 에는 이런 대목이 있다.

어찌해볼 수 없음을 안다. 명(命)을 따라 편안히 여긴다.
이는 오직 덕(德) 있는 사람만이 할 수 있는 일이다.

안명이란 **안지약명(安之若命)**의 준말로 '명을 따라 편안히 여긴다'

라는 뜻이다. 명에는 몇 가지 특징이 있다. 첫째, '사람의 힘으로 어쩔 수 없음'이다. 둘째, '때를 기다림'이다. 명을 아는 사람은 때를 기다릴 줄 아는 사람이다. 셋째, '해야만 함'이다. 좋든 싫든 하지 않을 수 없는 게 명이다. 넷째, '분수(分數)를 앎'이다. 분수를 아는 사람은 명을 아는 사람이다. 다섯째, '누구의 탓인지 알기 어려움'이다. 이로써 안명의 뜻을 유추해볼 수 있다. **바로 '주어진 일에 분수껏 최선을 다하며 때를 기다리는 삶의 태도'가 안명이다.**

『장자』「천지」에는 이런 대목이 있다.

> 도는 세상 만물을 덮어주고 실어준다. 넓고도 크다.
> 마음을 텅 비우지 않으면 도를 받아들일 수 없다.

무심이란 마음을 텅 비우는 일이다. 이런 대목도 있다.

> 덕 있는 사람은 어떠한가.
> 가만히 있을 때도 아무런 생각이 없다. 돌아다닐 때도 아무런 헤아림이 없다. 마음속에 맞고 틀리다거나 아름답고 추하다는 감정이 없다. 모두가 이롭다고 여기는 것을 자신의 기쁨으로 여긴다. 모두가 만족스럽게 여기는 것을 자신의 편안함으로 여긴다. 그러면서도 그 모습은 구슬프고 의지할 곳 없는 듯하다. 마치 어린아이가 어머니를 잃어버린 것 같다. 멍한 듯하여 길 가던 사람이 길을 잃어버린 것 같다.

덕은 무심함으로 도에 가까워진 사람들의 특징이다. 무심한 마음이란 무엇인가. 뭔가를 잃어버린 듯한 마음이다. **그렇다면 안명의 덕은 무엇인가. 잃어버린 뭔가를 반드시 찾아내려는 전전긍긍이 아니다. '어쩔 수 없는 일이라며 평정심을 되찾을 수 있는 회복력'이다.**

◆ 무심한 마음에 진실로 귀하게 여기는 마음이 싹튼다

『도덕경』에는 이런 대목이 있다.

> 하늘과 땅은 인하지 않다. 만물을 모두 풀로 만든 강아지로 여긴다.
> 성인도 인하지 않다. 백성을 모두 풀로 만든 강아지로 여긴다.
> 하늘과 땅 사이는 풀무나 대쪽 같구나. 텅 비어 있지만 오그라들지 않고, 움직일수록 생명이 넘친다.
> 말이 많으면 자주 한계를 맞닥뜨린다. 중(中)에 머무르는 것만 못하다.

여기서 하늘과 땅은 자연을 상징한다. 자연과 성인은 어질지 못한 게 아니다. 세상 만물과 모든 백성을 무심하게 대할 뿐이다. 자연과 성인은 매사 마음을 텅 비운다. 무엇도 차별하지 않는다. 풀로 만든 강아지로 여김은 얼핏 생각하면 우습게 알거나 무시함을 뜻하는 것 같다. 그러나 여기에서는 오히려 재촉하지 않고 '최선을 다해 기다려

줌'을 뜻한다. 자연과 성인은 안명의 모범이다. 안명은 지극한 어짊이고, 극진한 존중이다. **무심하게 기다려 주는 일은 애정 어린 믿음 없이 불가능하다. 진실로 귀하게 여기는 마음 없이 불가능하다.**

자연과 성인의 공통점은 말[言]에도 있다. 자연은 구구절절 말이 없다. 성인의 말은 짧지만 무겁다. 많은 말은 많은 이유를 뜻하고, 많은 이유는 많은 핑계를 뜻한다. 자연은 왜 무심해 보이는가. 만물을 살림에 이유가 없기 때문이다. 성인은 왜 무심해 보이는가. 백성을 위함에 핑계가 없기 때문이다. 자연과 성인은 언제나 우리 사이[中]에 함께 있을 뿐이다.

결혼반지를 잃어버린 부부 이야기가 다시 떠오른다. 부부는 머리를 맞댔다. 가진 지식과 지혜를 모두 동원했다. 하지만 찾을 수 없었다. 눈을 크게 뜨고 샅샅이 훑었다. 귀를 쫑긋 세웠다. 하지만 찾을 수 없었다. 공항과 호텔의 직원들에게 논리와 이성으로 호소했다. 하지만 찾을 수 없었다. 중간에 포기하지 않았다면 어땠을까. 비행기를 놓쳐 일정에 큰 차질을 빚게 되었을 것이다. 끝내 상대방의 부주의함을 탓하며 다투었을지도 모른다.

그러나 부부는 어쩔 수 없는 일도 있음을 받아들였다. 반지를 찾자고 계속 타지를 헤매는 것은 분수에 합당한 노력이 아니란 결론을 내렸다. 본질이 상하지 않았으니 괜찮다며 서로를 격려했다. 그 상황을 최대한 편안히 여겨 보기로 했다. 그 결과 무심해질 수 있었다.

세상살이가 유독 버겁게 느껴질 때가 있다. 그럴 때 우리가 안명의 덕을 발휘할 수 있다면 어떨까. 무언가를 잃은 듯 마음을 텅 비워내고, 무심함으로 누구의 탓도 하지 않고, 고요히 때를 기다리는 안명의 덕을 실천해 보면 어떨까. 예상치 못한 새로운 국면이 펼쳐지게 될지도 모른다.

14

태풍의 눈
칭찬이나 비난에 흔들리지 않는 고요

그러므로 자신의 몸을 천하만큼이나 귀하게 여긴다면
천하를 줄 수 있고,
자신의 몸을 천하만큼이나 아낀다면
천하를 맡길 수 있을 것이다.

—

고귀이신위천하(故貴以身爲天下) 약가기천하(若可寄天下)

애이신위천하(愛以身爲天下) 약가탁천하(若可託天下)

_『도덕경』

하늘의 도道는 끊임없이 운행하면서
잠시라도 멈추는 법이 없다.
그래서 만물이 이뤄지게 되는 것이다.
제왕의 도 역시 끊임없이 운행하면서
잠깐이라도 멈추는 일이 없다.
그래야 온 천하가 따르게 되는 것이다.

성인聖人의 도도 끊임없이 운행하면서
한때라도 멈추는 법이 없다.
그래서 온 세상 사람들이 모두 복종한다.

―

천도운이무소적(天道運而無所積) 고만물성(故萬物成)

제도운이무소적(帝道運而無所積) 고천하귀(故天下歸)

성도운이무소적(聖道運而無所積) 고해내복(故海內服)

_『장자』「천도(天道)」

◆ 하늘은 사람을 원망하지 않는다

태풍의 눈이 있다. 주변부에는 여전히 폭풍이 휘몰아친다. 그런 상
황에 태풍의 눈만 고요하다. 태풍이 잦아들면 태풍의 눈도 사라진다.
주위에서 태풍이 불기에 태풍의 눈도 있다. 태풍이 멈추면 태풍의 눈
도 없어진다. 이는 하나의 아이러니다.

『장자』「천도」에는 이런 대목이 있다.

하늘의 도는 끊임없이 운행하면서 잠시라도 멈추는 법이 없다. 그래서
만물이 이뤄지게 되는 것이다.

제왕의 도 역시 끊임없이 운행하면서 잠깐이라도 멈추는 일이 없다. 그

래야 온 천하가 따르게 되는 것이다.

성인의 도도 끊임없이 운행하면서 한때라도 멈추는 법이 없다. 그래서
온 세상 사람들이 모두 복종한다.

하늘의 도를 분명히 알고, 성인의 도에 정통하며, 제왕의 덕에 위아래와
동서남북으로 완전히 트인 사람은 그 자신의 행위가 멍하니 그저 고요
하지 않음이 없다.

멍하니 그저 고요하지 않음이 없음. 왠지 태풍의 눈을 연상케 한다.
세상에선 사건 사고가 끊이질 않고 시끌벅적하지만, 이는 자연스러
운 일이다. 하늘, 제왕, 성인은 이런 세상에서 멀리 떨어져 있지 않다.
그들은 세상을 우리와 함께 살아간다. 그러면서도 고요하다.

『장자』「천도」의 말이 이어진다.

성인은 왜 고요한가?

고요함이 훌륭해서 일부러 고요하게 하는 게 아니다. 마음을 뒤흔들 만
한 게 없어서 저절로 고요한 것이다. 하늘에 대한 원망이 없고, 사람에
대한 비난이 없다. 움직일 때는 하늘과 같고, 고요할 때는 땅과 같다.

마음 하나가 안정됨으로 천하에 왕 노릇할 수 있다. 핑계도 없고 게으름
도 없다. 마음 하나가 안정됨으로 만물을 복종시킨다. 무심하고 고요한
마음으로 하늘과 땅을 이해한다. 이로써 만물의 이치에 통달한다.

살다 보면 누구 탓인지 알기 어려운 문제들이 있다. 그럴 때면 치켜든 손가락이 슬그머니 하늘로 향한다. 하늘을 원망하기 쉽다. 그러면 하늘은 어떠한가? 하늘도 사람을 원망하는가? 아니다. **하늘은 사람을 원망하는 법이 없다. 원망에 원망으로 맞서는 일이 없다.** 하늘을 모욕하는 자에게 곧바로 날벼락이 떨어진다면 어떻게 될까. 누구도 감히 하늘을 원망하지 못할 것이다. 그러나 하늘은 그런 방식으로 일하지 않는다. 욕을 하면 욕을 받고, 손가락질하면 손가락질을 받는다.

그러면서도 다시 해를 띄운다. 아무 대가 없이 빛을 준다. 쉼 없이 물이 흐르게 한다. 아무 대가 없이 목마르지 않게 해준다. 그래서 많은 사람이 마음을 고쳐먹는다. 다시 하늘에 감사하는 마음으로 폈던 손가락을 가만히 접는다.

◆ 비난에 흔들리지 않는 간단한 방법

비난에 비난으로 맞서지 않는 사람이 있다. 하늘을 닮은 사람이다. 말로 하는 비난만이 비난은 아니다. 사소한 폭력도 비난이다. 되갚아 주고 싶다는 마음도 비난이고, 시기심이나 질투도 비난이다. 비난이 커질수록 삶에서 재난이 생길 가능성도 높아진다. 마음에 동요가 생겼기 때문이다. 하지만 비난에 비난으로 맞불을 놓지 않는 사람은 누구도 해칠 수 없다.

『장자』「천도」에는 비난에 비난으로 맞서지 않은 예시가 있다. 사성기(士成綺)라는 인물과 노자의 대화다.

노자를 찾아온 사성기가 이렇게 말했다.
"저는 선생이 성인이라고 들었습니다. 그래서 먼 길을 마다하지 않고 찾아왔습니다. 백 날을 여관에서 잤습니다. 발에는 물집이 겹으로 생겼습니다. 그러면서도 쉴 생각을 하지 않았습니다. 그런데 지금 선생의 모습을 보니 선생은 성인이 아닌 듯합니다. 쥐구멍에 먹다 남은 쌀 알갱이가 있는데도 그냥 내버려 뒀으니 말입니다. 이는 어질지 못한 짓입니다."
노자는 아무런 반응도 보이지 않았다. 사성기가 다음 날, 노자를 다시 뵙고 말했다.
"어제 저는 선생을 헐뜯었습니다. 지금은 제 마음이 바르게 됐습니다. 헐뜯고 싶은 생각을 물리쳤습니다. 어찌 된 일일까요?"
노자가 답했다.
"자네가 어제 나를 소라고 불렀다면, 나는 내가 소라고 생각했을 것이네. 자네가 나를 말이라고 불렀다면, 나는 내가 말이라고 생각했을 것이네. 남이 나에게 이름을 붙여줄 땐 그에 해당하는 사실이 있기 때문이네. 그런데도 내가 받아들이지 않는다면 더 큰 재앙을 맞게 될 걸세. 내가 승복함은 늘 그러한 이치에 떳떳하게 승복하는 것이네. 굴복하기 위한 승복이 아니네."

노자를 찾아온 사성기는 쥐구멍 앞에 떨어진 쌀 한 톨을 보았다. 그리고 노자를 비난했다. 음식을 아낄 줄 모르며 어질지 못하다는 게 그 이유였다. 이처럼 누군가를 비난하기란 어렵지 않다. 유창한 말이나 해박한 지식도 필요치 않다. 쌀 한 톨만 한 흠결로도 비난할 수 있다. 있지도 않은 흠결을 만들어 내기도 한다.

이런 세상에서 다른 사람을 비난하지 않기란 보통 어려운 일이 아니다. 나를 향한 비난에 비난으로 맞받아치지 않기란 더욱 어렵다. 하지만 노자는 사성기의 비난에 묵묵부답으로 일관했다. 사성기가 이제는 당신을 비난하고 싶지 않다고 하자 노자는 이렇게 말했다. 당신이 나를 소라 부르면 소가 될 것이고, 당신이 나를 말이라 부르면 말이 될 것이라고. 당신의 비난에도 나름의 이유가 있지 않았겠느냐며. 보통 사람이라면 벌컥 성을 내며 욕을 내뱉어도 이상하지 않을 판에 노자는 오히려 여유를 보였다.

하지만 조금만 생각해 보면 노자의 행동도 이해가 된다. 그는 이미 나를 소나 말로 여기는 사람이다. 무슨 수를 써서든 나를 소나 말로 만들어 보려는 사람이다. 이런 사람의 마음을 돌리기란 쉽지 않다. 이런 상황에서 내가 소나 말이 아님을 애써 증명하려면 어떻게 해야 할까. 비난에 비난으로 맞불을 놓지 않을 수 없다.

아무것도 아니라는 듯 빙그레 웃을 필요까지는 없다. 바늘은 작지만 삼킬 수 없다. 어처구니없다는 표정을 지을 필요도 없다. 쌀 한 톨 정도의 비난이라도 아프기는 매한가지다. 그저 이렇게 생각하는 것이다.

'그래, 그에 해당하는 사실도 분명히 있지. 어디 털뿐이겠는가. 생김새로 보자면 내게도 분명 소나 말 같은 부분이 있지 않은가? 큰 힘을 쓰고 잘 달린다는 점에선 오히려 소나 말이 나보다 낫지.'

이렇듯 흔들리는 마음을 고요히 안정시킬 수 있는 힘. 어쩌면 성인의 덕은 그뿐인지도 모른다.

◆ 누구에게나 환난을 견뎌낼 힘이 있다

『도덕경』에는 이런 대목이 있다.

총애를 받든 수모를 당하든 모두 깜짝 놀란 듯이 하라. 큰 환난 귀하게 여기기를 내 몸과 같이 하라.

총애를 받든 수모를 당하든 모두 깜짝 놀란 듯이 하라는 말은 무슨 뜻인가. 총애는 하등의 것이다. 그것을 얻어도 놀란 듯이 하고 잃어도 놀란 듯이 한다. 이것이 총애를 받든 수모를 당하든 모두 깜짝 놀란 듯이 하라는 말의 뜻이다.

큰 환난 귀하게 여기기를 내 몸과 같이 하라는 말은 무슨 뜻인가. 나에게 큰 환난이 있는 까닭은 나에게 몸이 있기 때문이다. 나에게 몸이 없다면 나에게 어떤 환난이 있겠는가.

그러므로 자신의 몸을 천하만큼이나 귀하게 여긴다면 천하를 줄 수 있고, 자신의 몸을 천하만큼이나 아긴다면 천하를 맡길 수 있을 것이다.

칭찬을 받든 모욕을 당하든 놀랄 필요가 없다. 칭찬이나 비난은 본질이 아닌 말단이기 때문이다. **본질과 말단의 차이는 '나에게 달려있는가, 그렇지 않은가'다.** 아무리 착한 일을 많이 하고 널리 알려도 모두에게 칭찬받을 순 없다. 아무리 진정성 있게 해명하고 스스로 당당해도 누군가는 비난할 것이다. 그러니 중요한 건 태풍의 눈이다. **어떤 칭찬이나 비난에도 마음의 고요함을 잃지 않는 마음의 여유, 그 자체다.**

큰 환난은 그 환난을 견뎌낼 수 있는 힘을 전제한다. 자신의 환난을 온 세상만큼 무겁게 여기는 사람은 큰사람이다. 이런 사람에게는 온 세상을 가질 가능성이 열린다. 작은 환난에도 갈대처럼 흔들리는 사람에게는 누구도 끌리지 않는다. 큰 환난에도 자신의 몸과 마음을 지켜내는 사람은 매력적이다. 빗발치는 칭찬, 비난, 환난 속에서도 태풍의 눈을 지켜내는 비결은 무엇일까. 마음의 고요함이다. 이는 동요하지 않는 사람에게 내리는 하늘의 선물이다.

15

시의적절
방향이 잘못된 노력은 적중하지 못한다

듣기 좋은 음악과 맛 좋은 음식은
지나가는 나그네의 발길이라도 멈추게 한다.
하지만 도道는 말로 표현해 봐도 심심하니 아무런 맛도 없다.
그것을 보려고 해도 볼 수가 없고,
들으려 해도 들을 수가 없으며,
사용해도 다함이 없다.

―

악여이(樂與餌) 과객지(過客止) 도지출구(道之出口) 담호기무미(淡乎其無味)

시지부족견(視之不足見) 청지부족문(聽之不足聞) 용지부족기(用之不足旣)

_『도덕경』

"여섯 가지 경서란 옛 임금들이 남겨 놓은 발자취에 불과합니다.
그것이 어떻게 그 발자취의 근본이겠습니까.
지금 당신이 하는 말은 발자취와 같은 것입니다.
발자취란 발걸음에서 나오는 것이니,

당신의 발자취가 어떻게 당신의 발걸음이 될 수 있겠습니까.”

—

부육경(夫六經) 선왕지진적야(先王之陳跡也) 기기소이적재(豈其所以跡哉)

금자지소언(今子之所言) 유적야(猶迹也)

부적(夫迹) 리지소출(履之所出) 이적기리재(而迹豈履哉)

_『장자』「천운(天運)」

◆ 개허수아비를 모시고 사는 사람들

대학을 다닐 때 들었던 어느 교수님의 이야기다.

"내가 대학 다니던 시절입니다. 매일 전철역에서 마주치던 노인이 있었습니다. 그분은 손에 막대기를 들고 계단에 서 있었습니다. 좌측통행을 하지 않으면 불호령이 떨어졌습니다. 짧은 치마를 입은 사람에게도 불호령이 떨어졌습니다. 막대기로 매를 얻어맞은 사람도 있었습니다. 가끔 궁금합니다. 그분이 아직 살아계신지. 살아계시다면 지금은 어디서 무얼 하고 있는지."

학생들은 이렇게 속삭였다.

"저거 진짜야? 우측통행 됐을 때 그 노인분 진짜 허무했겠다."

"내 말이. 치마는 또 뭐람. 그거 성추행 아니야?"

『장자』「천운」에는 이런 대목이 있다.

제사 때 악령을 쫓기 위해 쓰는 게 개허수아비다. 개허수아비는 제사상에 진열되기 전까진 훌륭한 상자에 담아둔다. 아름다운 보자기에 싸둔다. 시동과 축관들이 몸을 깨끗이 재계하고 그것을 받든다. 제사가 끝나면 개허수아비는 아무렇게나 버려진다. 사람들이 머리와 등줄기를 밟고 지나간다. 주워다가 불에 태워버린다. 그런데 누군가는 다 쓰고 버린 개허수아비를 가져다 다시 상자에 담고 보자기로 덮는다. 그 아래서 왔다 갔다 한다. 그 곁에서 누워 잔다. 그 누군가는 분명 악몽을 꿀 것이다. 자주 가위에 눌리며 시달릴 것이다.

이렇게 생각해 볼 수 있다. 짚으로 만든 개허수아비는 '어느 시대의 관습'을 상징하고, 전철역에서 시민을 계도하던 노인은 '그 관습을 지키는 그 누군가'다. 그 노인분과 같은 시대를 살았던 교수님은 '제사에 참여한 시동과 축관들'이고, 학생들은 '제사가 끝나고 버려진 개허수아비를 밟고 지나가거나 불에 태우는 행인들'이다. 악몽과 가위는 '편치 못한 몸과 마음'이다. 결론은 간단하다. **새로운 제사에는 새로운 개허수아비가 필요하다.** 이런 상황에서 지난 제사에 미련을 갖는 사람은 몸도 마음도 편치 못하다.

『장자』「천운」에는 이런 대목도 있다.

예의와 법도는 시대에 따라 변하는 것이다. 지금 원숭이를 잡아다 놓고 주공(周公)¹²의 옷을 입혀 준다면 어떻게 될까. 원숭이는 그 옷을 깨물고

물어뜯고 잡아당길 것이다. 갈기갈기 찢어서 깡그리 없애버린 뒤에야 흡족해할 것이다.

옛날과 지금의 차이는 어떠한가. 마치 원숭이와 주공이 다른 것과 같다.

영화 〈혹성탈출〉에 등장하는 원숭이가 떠오르는 대목이다. 〈혹성탈출〉에서 원숭이들은 인류의 기술과 문명을 쓰레기 치우듯 쓸어낸다. 사람의 관점에서는 좋지만, 원숭이의 관점에서는 나쁠 수 있다. 반대로 원숭이 입장에서는 천국이지만, 사람의 입장에서는 지옥일 수 있다. **기준, 입장, 관점이 모두 그렇다. 언제 어디서 보느냐에 따라 달라지는 달의 모양과 같다.** 고정돼 있지 않아서, 그래서 늘 불완전하고 상대적이다.

◆ 세상의 기준에 나를 옮겨 붙이다

일상에서 많이 쓰는 표현 중에 '시의(時宜)적절하다'라는 말이 있다. 시(時)란 시대를 뜻하고, 의(宜)란 알맞음을 뜻한다. 현명한 사람

---

12   주(周)나라의 정치가이자 문왕(文王)의 아들이다. 본명은 희단(姬旦)이다. 형인 무왕(武王)을 도와 은나라를 정벌하고 주나라의 시대를 열었다. 주나라의 예법과 문화, 관직과 제도를 정비했으며 성현(聖賢)의 상징이다.

은 시와 의를 함께 고려한다. 이로써 자신의 삶을 꾸려나간다. 현명하지 못한 사람은 시와 의 가운데 하나에만 집중한다. 혹은 둘 모두를 도외시한다.

『장자』「천운」의 말이 이어진다.

> 도를 다른 사람에게 바칠 수 있다면 어떻겠는가.
> 누구나 자기 임금에게 도를 바칠 것이다.
> 도를 남에게 줄 수 있다면 어떻겠는가.
> 누구나 자기 어버이에게 도를 드릴 것이다.
> 도를 남에게 말해줄 수 있다면 어떻겠는가.
> 누구나 자기 형제에게 도를 일러줄 것이다.
> 도를 전할 수 있다면 어떻겠는가.
> 누구나 자기 자손에게 도를 물려줄 것이다.
> 그럴 수 없는 데에는 다른 이유가 없다.
> 마음속에 도를 받아들일 주인이 없으면 도가 와서 머물지 않는다.
> 바깥에 도가 향할 표적이 없으면 도가 나아가지 않는다.

도를 주고받을 수 없는 이유는 저마다의 시대, 기회, 순간이 다르기 때문이다. 아무리 좋은 시대를 타고났더라도 그렇다. 마음이 그 시대를 좋게 여기지 못하면 그 시대에 머물 수 없고, 그 시대는 그 삶에 머물 수 없다. 그러면 그 삶에서는 별다른 기회가 생겨나지 않을 것이

**다. 열성을 다해 쏟아붓는 노력의 방향이 잘못되면 그 노력은 결코 표적에 적
중하지 못한다.**

『장자』「천운」에는 공자와 노자의 대화도 등장한다.

공자가 노자에게 말했다.

"저는 육경(六經)[13]을 공부한 지 오래됐습니다. 그 내용도 잘 알고 있습
니다. 이로써 일흔두 명의 임금들에게 유세했습니다. 옛 임금들의 도를
논했습니다. 주공과 소공(召公)[14]의 업적을 밝혔습니다. 그러나 한 임금
도 저를 채택하지 않았습니다. 사람을 달래기가 참으로 어렵습니다. 도
를 밝히기가 참으로 어렵습니다."

노자가 답했다.

"여섯 가지 경서란 옛 임금들이 남겨 놓은 발자취에 불과합니다. 그것
이 어떻게 그 발자취의 근본이겠습니까. 지금 당신이 하는 말은 발자취
와 같은 것입니다. 발자취란 발걸음에서 나오는 것이니, 당신의 발자취
가 어떻게 당신의 발걸음이 될 수 있겠습니까."

다른 사람이 남긴 발자취만 따라 걷는 사람이 있다. 그런 사람은

---

13 『시(詩)』, 『서(書)』, 『예(禮)』, 『악(樂)』, 『역(易)』, 『춘추(春秋)』의 여섯 가지 경서를 가리킨다.
14 주나라의 정치가로 본명은 희석(姬奭)이다. 주공과 함께 주나라의 기틀을 닦은 대표적인
    현신(賢臣)으로 꼽힌다.

'시대의 정신'만 고집하고 유행(流行)만 좇는다. 내 멋대로만 걷는 사람도 있다. 그런 사람은 '나의 정신'만 고집하고 개성만 추구한다. 다른 사람이 남긴 발자취를 참고해서 내 길을 개척하는 사람도 있다. 그런 사람은 시대의 정신과 나의 정신을 융합한다. 유행과 개성을 조화시킨다.

다 타버린 촛불로는 빛을 밝힐 수 없다. 타들어 가는 촛불도 언젠가는 꺼진다. 현명한 사람은 세상에 영원한 것이 없음을 안다. 그래서 세상의 기준에 나를 옮겨 붙이기도 한다. 내 기준에 세상을 옮겨 붙이기도 한다. 이를 시의적절하게 반복한다.

◆ 유행과 개성이 완전히 조화를 이룬 세계

『도덕경』에는 이런 대목이 있다.

대도(大道)는 넓어서 왼쪽이나 오른쪽이나 모두 가능하다.

오른쪽이 유행하는 세상에서 왼쪽을 고집하는 사람이 있다. 왼쪽이 유행하는 세상에서 오른쪽을 고집하는 사람도 있다. 이유야 어쨌든 이들은 세상과 조화를 이루기 어렵다. 물고기는 물을 떠나 살 수 없기 때문이다.

『도덕경』에는 이런 대목도 있다.

> 도의 위대한 원리를 가지고 있으면, 세상 모두가 그리로 돌아간다. 그리
> 로 돌아가서는 서로 해를 입히지 않으니 태평한 세상이다.
> 듣기 좋은 음악과 맛 좋은 음식은 지나가는 나그네의 발길이라도 멈추
> 게 한다. 하지만 도는 말로 표현해 봐도 심심하니 아무런 맛도 없다. 그
> 것을 보려고 해도 볼 수가 없고, 들으려 해도 들을 수가 없으며, 사용해
> 도 다함이 없다.

듣기 좋은 음악과 맛 좋은 음식은 시대와 취향에 따라 달라진다. 하
지만 도는 시대의 영향을 받지 않는다. 특정한 취향도 없다. 유행과
개성이 완전히 조화를 이룬 세계가 도의 세계다. 아무리 써도 다함이
없는 게 있다. 유행도 개성도 아니다. 조화다.

이 시절이 야속할 때가 있다. 내 고집이 답답할 때도 있다. 그럴 땐
온 정신을 조화에 쏟아부어도 괜찮다. 내가 총이고 세상이 과녁이라
면, 조화는 총구의 방향이다. 아무리 좋은 총을 가졌어도 총구의 방향
이 잘못됐다면 과녁을 맞출 수 없다. 총구의 방향을 약간만 조정해도
내 탄환은 과녁의 정중앙을 관통할지 모른다. 총알이 과녁에 맞아떨
어지기 시작할 때가 나의 순간이다.

16

서여기인

멈출 줄 알아야 오래 간다

명성과 몸, 어느 것이 더 가까운가?

몸과 재화, 어느 것이 더 소중한가?

얻음과 잃음, 어느 것이 병인가?

이런 까닭에 애착이 심하면 반드시 큰 대가를 치르고,

많이 쌓아두면 반드시 크게 잃게 된다.

만족함을 알면 욕되지 않고, 멈출 줄 알면 위태롭지 않으며,

그래야 길고 오래갈 수 있다.

———

명여신숙친(名與身孰親) 신여화숙다(身與貨孰多) 득여망숙병(得與亡孰病)

시고심애필대비(是故甚愛必大費) 다장필후망(多藏必厚亡)

지족불욕(知足不辱) 지지불태(知止不殆) 가이장구(可以長久)

_『도덕경』

오吳나라나 월越나라에서 만들어진

명검名劍을 가진 사람은

그것을 칼 상자 속에 잘 간직해 둘 뿐 감히 함부로 쓰지 않는다. 그것이 지극한 보배이기 때문이다.

—

부유간월지검자(夫有干越之劍者) 합이장지(柙而藏之) 불감용야(不敢用也)

보지지야(寶之至也)

_『장자』「각의(刻意)」

◆ 예측할 수 없는 미래에 대한 두려움

'나쁜 일이 생길 것이다'라는 말은 무서운 예고다. 그런데 더 무서운 예고가 있다. 바로 '어떤 일이 생길지 알 수 없다'라는 말이다. 무지에서 오는 두려움은 생각보다 크고, 예측할 수 없음이 주는 공포는 우리를 압도한다. 모르는 사람은 늘 불안할 수밖에 없다.

인간이 신을 찾는 이유는 무엇일까. 일관성이 있기 때문이다. 신은 침묵을 지키며 언제까지고 기다려 준다. 자연도 마찬가지다. 자연은 일관성 있게 봄, 여름, 가을, 겨울, 사계절을 불러오고 보낸다. 매일 아침 해가 뜰 거라는 건 너무 자명한 사실이라 아무도 의심을 품지 않는다. 만약 자연이 일관성을 잃어버린다면 어떨까. 내일이 어떨지 모른다는 불안과 공포에 누구도 편히 쉬지 못할 것이다.

『장자』「각의」에는 이런 대목이 있다.

오나라나 월나라에서 만들어진 명검을 가진 사람은 그것을 칼 상자 속에 잘 간직해 둘 뿐 감히 함부로 쓰지 않는다. 그것이 지극한 보배이기 때문이다.

순수하고 소박한 도(道)란 무엇인가. 정신을 지키는 것이다. 정신을 지켜서 잃어버리지 않으면 정신과 일체가 된다. 일체가 된 정신이 만물에 통하게 되면 자연의 질서에 합치된다.

속담에 이런 말이 있다. '보통 사람은 이익을 중시한다. 청렴한 사람은 명예를 중시한다. 현명한 사람은 의지를 중시한다. 성인(聖人)은 정신을 중시한다.'

무엇이 소박함인가? 정신에 다른 것이 섞이지 않음이다. 무엇이 순수함인가? 정신이 손상되지 않고 잘 지켜짐이다. 무엇이 참된 사람인가? 순수함과 소박함을 체득한 사람이다.

각의(刻意)란 '정신을 새기다'라는 뜻이다. '정신을 조각한다'라는 뜻도 된다. 서예에는 만고불변의 진리가 있다. **서여기인(書如其人)**이다. 서여기인이란 '글씨는 그 사람과 같다'라는 뜻으로, 조금 더 자세히 풀이하면 '글씨는 그 사람의 정신과 같다'라고 해석할 수 있다.

서예를 하며 깨달은 게 있다. 진짜 집중이 필요한 순간이다. 정신은 붓이 나아갈 때 집중되지 않는다. 아슬아슬하게 붓을 멈출 때 집중된다. 아무렇게나 붓을 쥐고 끌고 싶은 대로 이리저리 움직이는 건 어린아이에게도 쉬운 일이다. 그러나 정신을 집중해서 붓을 꼿꼿이 세우고, 원하는 만큼 움직인 다음 다시 붓을 세워 획을 마무리하는 일은 고도의 정신 집중 없이는 불가능하다.

◆ 정신의 결함은 어디에서 오는가

『장자』 「각의」의 말이 이어진다.

> 뜻을 굳게 새기고 행동을 고상히 한다. 세상과 동떨어져 남들과 다르게 산다. 높은 이상을 말한다. 자신이 때를 만나지 못했다며 원망한다. 세상의 부패를 비난한다. 이는 자신을 높이려는 것일 뿐이다.
>
> 어짊, 의로움, 충성, 믿음직스러움을 이야기한다. 공손, 검약, 겸손, 양보를 실천한다. 이는 자신의 도덕수양에 매진하려는 것일 뿐이다.
>
> 위대한 공로를 이야기한다. 역사에 남을 이름을 세운다. 임금, 신하 간 예의를 제정한다. 위아래의 질서를 바로잡는다. 이는 세상을 다스리려는 것일 뿐이다.
>
> 풀과 나무가 우거진 자연으로 나아간다. 한적하고 비어 있는 곳에 산다. 조용히 고기를 낚으며 한가로이 지낸다. 이는 아무것도 하지 않으려는 것일 뿐이다.
>
> 숨을 급히 쉬거나 천천히 쉰다. 쭉 토하거나 깊게 들이마신다. 낡은 기운을 토해내고 신선한 기운을 빨아들인다. 곰이 나무에 매달리듯, 새가

목을 펴듯 체조한다. 이는 오래 살려는 것일 뿐이다.

뜻을 굳게 새기지 않고도 저절로 고상해진다. 어짊과 의로움 없이도 저절로 마음이 닦인다. 공로와 명성을 세우지 않고도 저절로 다스려진다. 강과 바다에 노닐지 않고도 저절로 한가로워진다. 기운을 끌어들이지 않고도 저절로 오래 산다. 이는 모든 것을 잊어버림으로 가능하다. 잊어버림으로 오히려 다 갖게 되는 것이다.

도와 덕(德)의 본질은 무엇인가. 욕심을 비워 고요함이다. 마음을 비워 적막함이다. 일부러 어떠어떠하게 하려는 것이 없음이다. 이는 하늘과 땅의 근본이다. 성인은 이런 경지에서 편안하고 간단하게 살아간다. 편안하고 간단하면 담담해진다. 담담하면 근심 걱정이 사라진다. 사악한 기운에 침해받지 않는다.

정신의 결함은 어디에서 오는가. 다른 이를 어떠어떠하게 만들려는 생각에서 오고, 남에게 어떠어떠한 것을 해주려는 생각에서 온다. 이는 욕심이자 교만이다. 욕심과 교만이 싹트면 마음의 고요함이 사라진다. 마음에서 고요함이 사라지면 일관성을 잃게 된다. 미래를 알 수 없게 된다.

◆ 자연스러운 마음이어야 변함이 없다

『도덕경』에는 이런 대목이 있다.

명성과 몸, 어느 것이 더 가까운가?

몸과 재화, 어느 것이 더 소중한가?

얻음과 잃음, 어느 것이 병인가?

이런 까닭에 애착이 심하면 반드시 큰 대가를 치르고,

많이 쌓아두면 반드시 크게 잃게 된다.

만족함을 알면 욕되지 않고, 멈출 줄 알면 위태롭지 않으며,

그래야 길고 오래갈 수 있다.

몸과 정신이 있어야 재물과 명성도 얻을 수 있다. 몸을 해치며 재물을 좇는 것은 무의미하다. 정신을 축내며 명성을 좇는 것도 어리석다. 이는 근본을 해쳐서 말단을 얻으려는 것이다. 말단이 대단해도 본질이 불안정하면 근심 걱정이 사라지지 않는다. 말단이 빈약해도 본질이 굳건하면 근심 걱정이 사라진다.

스트레스는 만병의 근원이다. 모든 병은 근심 걱정에서 생겨난다. 근심 걱정에 휩싸인 사람은 이미 병을 얻은 셈이고, 근심 걱정을 털어낸 사람은 벌써 병이 나은 셈이다. 그런데 근심 걱정은 다른 사람들의 시선이나 말에서 오지 않는다. 바로 자신의 마음에서 나온다. 다른 사람이 뭐라 하든 신경 쓰지 않는 사람은 병이 없고, 남들 눈치만 보고 사는 사람은 늘 병에 시달린다.

내가 아는 어느 교수님은 30년간 가족 상담을 했다. 그분은 이렇게 말한다.

"부모들은 이상해요. 문제를 만들어야 직성이 풀려요. 가만히 있었으면 괜찮았을 것을. 가만히 놔뒀으면 좋았을 것을. 너무 아낀 탓에 크게 망쳐요. 너무 지킨 탓에 크게 잃어버려요. 너무 잘하려고 하지 마세요. 너무 많은 걸 해주려고도 하지 마세요. 늘 한결같아야 부모도 편안하고 자식도 편안해요. 가족이 편안하면 최고잖아요. 그게 가족이 오래가는 길이잖아요."

그저 자녀가 있다는 사실에 만족하는 부모가 있다. 그런 부모는 자유롭다. 부모에게 아무것도 바라지 않는 자식이 있다. 그런 자식은 편안하다. '길고 오래간다'라는 뜻의 장구(長久)에는 '늘 그러해서 변함이 없다'라는 의미도 있다. **늘 그러해야 마음이 비워진다. 마음을 비워야 서로의 정신을 해치지 않는다. 서로의 정신을 해치지 않아야 자연스럽다. 자연스러워야 장구한다.**

그리스 소설가 니코스 카잔차스키의 묘비명이 떠오른다.

"나는 아무것도 바라지 않는다. 나는 아무것도 두렵지 않다. 나는 자유다."

17

빈곤의 미학
없음으로 바뀔 때 쓸모가 생긴다

서른 개의 바큇살이 하나의 구멍에 모이는데,

그 텅 빈 공간이 있어서 수레의 기능을 갖게 된다.

찰흙을 빚어서 그릇을 만드는데,

그 텅 빈 공간이 있어서 그릇의 기능이 있게 된다.

문과 창문을 내서 방을 만드는데,

그 텅 빈 공간이 있어서 방의 기능을 하게 된다.

그러므로 유有는 편리함을 내어주고,

무無는 기능을 하게 한다.

—

삼십폭공일곡(三十輻共一轂) 당기무(當其無) 유차지용(有車之用)

연식이위기(埏埴以爲器) 당기무(當其無) 유기지용(有器之用)

착호유이위실(鑿戶牖以爲室) 당기무(當其無) 유실지용(有室之用)

고유지이위리(故有之以爲利) 무지이위용(無之以爲用)

_『도덕경』

통속적인 배움으로써 본성을 닦아

원래 그러한 처음의 상태로 돌아가기를 바란다.

통속적인 생각으로써 욕망을 다스려

밝은 지혜를 이루고자 한다.

이런 사람들을 일러 '몽매한 사람들'이라고 한다.

—

선성어속학(繕性於俗學) 이구복기초(以求復其初)

활욕어속사(滑欲於俗思) 이구치기명(以求致其明)

위지폐몽지민(謂之蔽蒙之民)

_『장자』「선성(繕性)」

◆ 통속적인 배움의 한계

자본주의를 살아가는 현대인은 크게 부자와 빈자로 나뉜다. 하지만 부자나 빈자나 빈곤하긴 마찬가지다. 빈곤(貧困)에서 빈(貧)은 '결핍'을 뜻하고 곤(困)은 '어려움, 괴로움'을 뜻한다. 곤에는 '막다른 길에 다다름'이라는 뜻도 담겨 있다.

결핍이 없는 사람은 없다. 어려움이나 괴로움이 없는 사람도 없다. 물질적 가난만이 빈곤은 아니다. 정신적 가난도 빈곤이다. 빈곤의 핵심은 '모자라게 느낌'이다. 그러므로 현대인 중에 빈곤을 겪지 않는 사람이 드물다는 얘기다.

『장자』「선성」에는 이런 대목이 있다.

통속적인 배움으로써 본성을 닦아 원래 그러한 처음의 상태로 돌아가
기를 바란다.

통속적인 생각으로써 욕망을 다스려 밝은 지혜를 이루고자 한다.

이런 사람들을 일러 '몽매한 사람들'이라고 한다.

선성(繕性)은 '본성을 수선한다'라는 뜻이다. 옷에 구멍이 뚫리면
기워야 한다. 그래야 입을 수 있다. 기계에 결함이 생기면 고쳐야 한
다. 그래야 사용할 수 있다. 사람도 마찬가지다. 본성에 결핍이 생겼
다면 수선해야 한다. 그래야 사람답게 살 수 있다. 선성이란 저마다의
빈곤, 결핍, 어려움, 괴로움을 수선하는 일이다.

통속적인 배움과 생각은 나쁘지 않다. 통속적인 생각을 알아야 더
불어 살 수 있다. 노자와 장자도 통속적인 배움과 생각을 거부하지 않
았다.

다만 때론 통속적인 배움과 생각에서 과감히 벗어나야 함을 강조
했다. 보다 나은 방향으로 나아가기 위해서다. 통속적인 배움과 생각
으로 본성을 닦긴 어렵다. 욕망을 다스리기에 부족하다. 통속적인 배
움과 생각으로는 통속적인 변화밖에 이룰 수 없다.

◆ 세상에 원래 빈곤하지 않은 사람이 없다

『장자』「선성」의 말이 이어진다.

> 뜻을 얻음이란 높은 벼슬을 뜻하지 않는다. 뜻을 얻음이란 즐거움이 더
> 해질 수 없는 상태를 말한다. 높은 벼슬은 원래 주어진 자신의 본성이
> 아니다. 원래는 없던 게 갑자기 내게 와서 붙은 것과 같다. 오는 것을 막
> 을 수 없다. 가는 것을 붙들 수도 없다. 높은 벼슬을 얻었다고 뜻을 방자
> 하게 부리지 말아야 한다.
> 곤궁하다고 세속을 좇지 말아야 한다. 이렇든 저렇든 즐거움은 같기 때
> 문이다. 마음속에 근심이 없다면 그만이다. 붙었던 게 떨어져 나가면 즐
> 겁지 못함이 일반적이다. 이로써 본다면 그렇다. 한때의 즐거움이 있을
> 뿐이다. 원래 그러한 즐거움이란 누구에게나 모자라지 않았던 적이 없
> 다. 물건 때문에 자기를 잃는 사람이 있다. 세속에 끌려 본성을 잃는 사
> 람이 있다. 본말이 전도된 사람이다.

'부, 명예, 학식, 권력은 빈곤에서 멀어지는 지름길이다.'

우리는 대개 이렇게 생각한다. 그래서 남들보다 더 열심히 공부하
고, 승진하고, 벌려고 노력한다. 때로는 서슴없이 다른 사람을 불행에
빠트리기도 하면서. 그러나 장자는 말했다.

'부, 명예, 학식, 권력은 원래 내게 없던 것들이다. 어느 날 갑자기

내게 달라붙은 것들이다.'

이는 무엇을 뜻하는가? 그것들이 내게서 떨어져 나가는 즉시 다시 빈곤해질 것임을 뜻한다.

우리 모두의 원래 그러한 상태는 '빈곤함'이다. 한때 빈곤하지 않은 사람만 이 있을 뿐이다. 원래 빈곤하지 않은 사람은 없다. 계속 빈곤하지 않을 예정인 사람도 없다. 부, 명예, 학식, 권력이 보장하는 즐거움은 막연한 환상이다. 사람들은 환상에 젖어 끌려다니고 억지로 그것들에 나를 끼워 맞추려 애쓴다. 이는 욕심 때문에 본질과 말단을 거꾸로 이해한 것이다. 도덕을 잊은 것이다.

◆ 텅 빈 공간의 조화로운 기능

도(道)란 '쉬엄쉬엄 가는[辶] 것이 으뜸[首]'이라는 뜻이다. 급격한 변화를 꿈꾸는 사람은 조바심에 사로잡힌다. 반대로 쉬엄쉬엄 가더라도 꾸준한 사람은 세상의 이치를 거스르지 않는다. 덕(德)이란 무슨 뜻일까. '저는 다리[彳]도 곧게[直] 여겨주는 마음[心]'이라는 뜻이다. 나와 다른 점도 올바르게 여길 줄 아는 사람은 덕스럽다. 덕은 타인을 포용하는 힘이다. 세상과 조화를 이루는 힘이다.

『도덕경』에는 이런 대목이 있다.

서른 개의 바큇살이 하나의 구멍에 모이는데,

그 텅 빈 공간이 있어서 수레의 기능을 갖게 된다.

찰흙을 빚어서 그릇을 만드는데,

그 텅 빈 공간이 있어서 그릇의 기능이 있게 된다.

문과 창문을 내서 방을 만드는데,

그 텅 빈 공간이 있어서 방의 기능을 하게 된다.

그러므로 유는 편리함을 내어주고, 무는 기능을 하게 한다.

바큇살처럼 많은 가치가 난립하는 오늘날이다. 모두 상대적이며 불완전한 가치들이다. 꽉 채우려고 혈안이 된 오늘날이다. 꽉 채움의 기준은 저마다 다르다. 이렇게 불완전한 가치와 저마다 다른 기준의 조화를 위해 필요한 게 있다. 텅 빈 공간이다. 텅 비워진 마음의 여유다. 텅 빈 공간이 없으면 바퀴도, 방도, 그릇도 기능을 다할 수 없다.

사람도 마찬가지다. 꽉 채우려고만 하는 사람이 있는가 하면 이미 다 채웠다고 생각하는 사람도 있다. 이런 생각을 가진 사람은 사람답게 기능하기 어렵다. 사람은 누구나 결핍과 어려움과 괴로움이 있다. 누구도 예외일 순 없다. 이 사실을 알고 빈곤을 겸허히 인정하는 사람은 포용의 덕으로 조화를 이룬다. 도의 이치로 세상을 거스르지 않는다. 이로써 사람답게 기능한다.

부, 명예, 학식, 권력이 '있음[有]'은 보다 편리하게 살 수 있는 가능성이 높음을 뜻한다. 그러나 편리함이 기능을 보장하진 않는다. 기능의 다른 말은 쓸모다. **쓸모는 있음이 없음[無]으로 변화하며 생긴다.** 있던 연료가 없어져야 자동차는 기능을 한다. 있던 물이 없어져야 변기는 쓸모를 인정받을 수 있다.

덕은 왜 필요할까. 나의 편리함과 다른 이의 편리함이 조화를 이루기 위해 필요하다. 도는 왜 필요할까. 나의 편리함이 다른 이를 불편케 하지 않기 위해 필요하다. 어느 부자의 말이 떠오른다.

"돈이 아무리 많으면 뭐합니까. 써야 힘이 생기죠."

많지만 쓸 수 없는 편리함은 오히려 거추장스러운 무용지물이다. 편리함은 꽉 채우려는 마음에서 생겨난다. 쓸모는 텅 비우려는 마음에서 생겨난다.

도와 덕의 핵심은 채움에 있지 않다. 비움에 있다. 내 마음을 비워야 본성을 수선할 수 있다.

내 본성을 수선해야 다른 사람을 포용할 수 있다. 내 생각을 비워야 다른 사람을 이해할 수 있다. 내 욕심을 물리쳐야 세상의 이치에 부합할 수 있다.

채우다 보면 타인을 배척하고 우리 세상을 등지게 된다. 비우다 보면 타인을 포용하고 우리 세상을 열게 된다. 본질과 말단을 뒤집을 것인가. 아니면 바로 세울 것인가. 이는 우리네 선택의 몫이다.

기의 깨우침
다름에는 틀림이 없고 우열이 없다

명命을 회복하는 것을 늘 그러한 이치라 하고,
늘 그러한 이치를 아는 것을 밝음이라 한다.
늘 그러한 것을 알지 못하면 제멋대로 흉한 일을 하게 된다.

복명왈상(復命曰常) 지상왈명(知常曰明)

부지상(不知常) 망작흉(妄作凶)

_『도덕경』

대들보나 마룻대 같은 큰 나무로 성벽을 부술 순 있지만,
조그만 구멍을 틀어막을 수는 없다.
기구의 용도가 다르기 때문이다.
천리마는 하루에 천 리를 달릴 수 있지만,
쥐를 잡는 데는 살쾡이만 못하다.
재주가 다르기 때문이다.
올빼미는 캄캄한 밤에도 벼룩을 잡고 터럭 끝을 볼 수 있지만,

낮에 나와서는 눈을 크게 부릅뜨고도
큰 산과 언덕을 보지 못한다.
타고난 본성이 다르기 때문이다.
—

양려가이충성(梁麗可以衝城) 이불가이질혈(而不可以窒穴) 언수기야(言殊器也)

기기화류(騏驥驊騮) 일일이치천리(一日而馳千里) 포서불여이생(捕鼠不如狸狌) 언수기야(言殊技也)

치휴야촬조(鴟鵂夜撮蚤) 찰호말(察毫末) 주출진목이불견구산(晝出瞋目而不見丘山) 언수성야(言殊性也)

_『장자』「추수(秋水)」

◆ 부러워하는 마음의 정체

중학생 때 당구를 좋아하게 됐다. 같은 반에 당구 특기생 친구가
있어 그에게 당구 잘 치는 비결을 물었다. 특기생 친구는 이렇게 대
답했다.

"말로 설명할 수가 없어. 굳이 따지자면 컨디션이랄까. 느낌이 잘
오는 날이 있어. 느낌을 따라 치는 것뿐이야."

『장자』「추수」에는 이런 대목이 있다.

전설에 등장하는 기(夔)라는 짐승은 발이 하나밖에 없다. 기는 발이 많은 지네를 부러워한다. 지네는 발 없이 움직이는 뱀을 부러워한다. 뱀은 의지하는 것 없이 움직이는 바람을 부러워한다. 바람은 움직이지 않고도 보는 눈을 부러워한다. 눈은 보지 않고도 아는 마음을 부러워한다. 그리고 마음은 상상이 되지 않는 모습의 기를 부러워한다.

어느 날, 기가 지네에게 물었다.

"나는 한 발로 껑충껑충 뛰어다닌다. 그런데 당신에게 도저히 미칠 수 없다. 당신이 그 많은 발을 잘 쓰는 비결이 무엇인가?"

지네가 답했다.

"당신은 침 뱉는 걸 본 적이 없는가? 재채기를 하면 침이 뿜어져 나온다. 큰 놈은 구슬 같고 작은 놈은 안개 같다. 크고 작은 게 뒤섞여 떨어진다. 그 숫자는 헤아릴 수 없다. 나도 마찬가지다. 내가 타고난 자연스러운 능력일 뿐이다. 왜 그렇게 되는지는 알 수 없다."

이번엔 지네가 뱀에게 물었다.

"나는 많은 발로 다니고 있다. 하지만 발 없는 당신의 속도를 따르지 못한다. 비결이 무엇인가?"

뱀이 답했다.

"저절로 그러한 움직임은 바꿔볼 수 없는 것이다. 나는 발을 쓸 필요가 없을 뿐이다."

다시 뱀이 바람에게 물었다.

"나는 내 등이나 겨드랑이를 움직여 다닌다. 등이나 겨드랑이가 발 노룻을 한다. 사실은 발이 있는 것이나 다름없다. 당신은 휙휙 소리를 내며 북쪽에서 일어난다. 휙휙 소리를 내며 금세 남쪽에 가 있다. 형체도 없다. 무(無)와 같다. 비결이 무엇인가?"

바람이 말했다.

"나는 씽씽 소리를 내며 북쪽과 남쪽을 자유롭게 오간다. 하지만 손가락으로 찌르기만 해도 나를 이길 수 있다. 발로 밟기만 해도 나를 이길 수 있다. 그래도 나무를 꺾고 지붕을 날리는 건 나만이 할 수 있다. 나는 여러 작은 패배로 큰 승리를 거둔다."

문득 어머니의 말씀이 떠오른다.

"엄마 노릇에도 연습이 있다면 어땠을까. 너희를 다시 키우라면 네 형에겐 컴퓨터를 가르치련다. 게임을 좋아하니까. 네 누나에겐 미술을 가르치련다. 그림을 좋아하니까. 그땐 가기 싫다는 보습학원에 왜 그토록 목을 맸던지."

"그럼 나는?"

"너는 타고난 끼가 있으니 연기를 가르치련다. 누가 알겠냐. 네 덕에 레드카펫 한번 밟아봤을지."

어머니의 말에 피식 웃고 말았다. 어머니는 자식들이 의사나 법조인 되길 바랐다. 하지만 누구도 의사나 법조인이 되지 않았다. 어머니는 자식들의 본성을 알았다. 형이 컴퓨터와 친함을 알았고, 누나가 그림과 친함을 알았고, 내게 끼가 있음을 알았다. 하지만 본성을 살려주는 법을 몰랐다.

내가 사랑하는 사람이 지네를 부러워한다면 어떨까. 나도 지네를 부러워할 가능성이 높다. 내 본성이 뱀 같더라도 말이다. 또 내가 사랑하는 사람이 뱀을 부러워한다면 어떨까. 나도 뱀을 부러워할 가능성이 높다. 내 본성이 바람 같더라도 말이다. 바람 같은 본성을 타고난 사람이 평생 뱀을 부러워한다. 뱀 같은 본성을 타고난 사람이 평생 지네를 부러워한다. 이는 슬픈 일이다.

◆ 시기와 질투가 세상의 조화를 망친다

'그럼 소는 누가 키우나?'

한때 유행했던 말이다. 모두가 의사나 법조인이라면 어떨까? 의사와 법조인의 역할은 사라질 것이다. 환자가 있어야 의사의 가치도 생겨난다. 법을 모르는 사람이 있어야 법조인의 임무도 생겨난다. 수요가 많아야 공급도 빛난다. 공급 과잉은 수요 감소를 초래한다. 공급과 수요의 불균형은 공황으로 나타난다. 공황은 혼란을 뜻한다.

자연은 각자에게 본성을 줬다. 본성의 역할은 세상의 수요와 공급을 알맞게 조절하는 것이다. 각자의 본성은 세상의 '자동 균형 장치'다. 그런데 이 자동 균형 장치를 망치는 게 있다. 바로 '부러워함'이다. 부럽다 못해 미워하게 되는 것이 시기(猜忌)다. 부럽다 못해 다투게 되는 것이 질투(嫉妬)다. **부러워함은 성장의 동기가 되기도 하지만, 그 도가 지나쳐 시기 질투가 되면 그 부러워함이 나를 해치고, 남과의 관계를 해치고, 세상의 조화를 해친다.**

『장자』「추수」에는 이런 대목이 있다.

> 큰 지혜를 가진 사람은 멀고 가까움을 똑같게 본다.
> 작다고 무시하지 않는다. 크다고 대단하게 여기지 않는다.

재채기를 하면 그렇다. 큰 침과 작은 침이 제멋대로 섞여 나온다. 그런데 큰 침이 작은 침을 무시하는 경우가 없고, 작은 침이 큰 침을 미워하는 경우가 없다. 왜 그럴까. 크고 작은 것이 뒤섞이지 않으면 재채기가 될 수 없기 때문이다.

사람도 마찬가지다. 몸집 큰 사람이 덩치가 크다는 이유로 작은 사람을 핍박하면 사람들은 몸집 큰 사람을 꾸짖을 것이다. 몸집 작은 사람이 덩치가 작다는 이유로 큰 사람을 미워하면 사람들은 몸집 작은 사람을 나무랄 것이다.

『장자』「추수」에는 이런 대목도 있다.

> '비교적 크다'라는 입장에서 보면 세상엔 크지 않은 게 없다.
> '비교적 작다'라는 입장에서 보면 세상엔 작지 않은 게 없다.
> 하늘과 땅도 그렇다. 더 큰 우주와 비교하면 쌀알과 같다.

털끝도 그렇다. 더 작은 입자와 비교하면 산과 같다.

'그렇다'고 인정하는 입장에서 말하면 세상엔 옳지 않은 게 없다.

'그렇지 않다'고 비난하는 입장에서 말하면 세상엔 틀리지 않은 게 없다.

이를 알면 차별의 이치가 분명해진다.

『장자』「추수」의 말이 이어진다.

> 대들보나 마룻대 같은 큰 나무로 성벽을 부술 순 있지만, 조그만 구멍을 틀어막을 수는 없다. 기구의 용도가 다르기 때문이다.
>
> 천리마는 하루에 천 리를 달릴 수 있지만, 쥐를 잡는 데는 살쾡이만 못하다. 재주가 다르기 때문이다.
>
> 올빼미는 캄캄한 밤에도 벼룩을 잡고 터럭 끝을 볼 수 있지만, 낮에 나와서는 눈을 크게 부릅뜨고도 큰 산과 언덕을 보지 못한다. 타고난 본성이 다르기 때문이다.

어떤 연구에 따르면 사람은 스타일을 지적받을 때 가장 분노한다고 한다. 스타일의 다른 말은 개성이고, 개성의 다른 말은 본성이다. 스타일은 보는 취향에 따라 좋거나 나쁠 수 있다. 하지만 맞거나 틀릴 순 없다. 본성도 마찬가지다. **본성에는 맞고 틀림이 없다.** 차별(差別)이란 '다름을 틀리게 여긴다'라는 뜻이다. **그러나 다름에는 우열이 있지 않다.** 다름으로 우열을 가릴 때 사람은 큰 상처를 입는다. 가장 분노한다.

◆ 차이가 적거나 차별이 많은 세상은 흉하다

『도덕경』에는 이런 대목이 있다.

> 만물은 무성하지만 제각기 자신의 뿌리로 돌아간다. 뿌리로 돌아가는
> 것을 일러 정(靜)이라 하는데, 이는 명을 회복한다는 말이다.
> 명을 회복하는 것을 늘 그러한 이치라 하고, 늘 그러한 이치를 아는 것
> 을 밝음이라 한다. 늘 그러한 것을 알지 못하면 제멋대로 흉한 일을 하
> 게 된다.

본성을 지적받은 사람은 부모 욕을 들은 듯 분개한다. 본성이 자신
의 뿌리임을 알기 때문이다. 사람은 자신의 본성을 발견해야 고요하
고 잠잠해진다. 고요하고 잠잠해져야 자신의 운명을 받아들일 수 있
다. 운명을 받아들인 사람만이 운명을 개척할 수 있다.

뱀을 억지로 지네처럼 다니게 하면 어떨까. 지네를 억지로 한 발로
껑충껑충 뛰어다니게 하면 어떨까. 그 모습이 무척 흉할 것이다. 사람
도 마찬가지다. 공부가 편안한 사람에게 억지로 스포츠를 시키고, 스
포츠가 편안한 학생에게 강제로 음악을 시키면 본성이 흉악해진다.
흉한 본성으로는 아름답게 될 수 없다.

사람은 모두 다르다. 때문에 서로의 다른 점을 발견함은 자연스럽
다. 그러나 서로의 다름을 저울질하는 것은 흉하다. 서로의 다름에 우

열을 매기는 것도 흉하다.

도(道)의 시선은 차이를 발견해도 차별을 용납하지 않는다. 반면 사람의 시선은 사소한 차이만 발견해도 차별한다. 차이가 적거나 차별이 많은 세상은 흉하다. 반대로 차이는 존중받고 차별이 사라진 세상은 아름답다. 다름을 틀림으로 여기지 않는 일은 차별 종식의 첫걸음이다.

19

지락무락
영원한 즐거움이라는 망상

큰 것은 가게 되고, 가면 멀어지며, 멀어지면 되돌아온다.

그러므로 도道는 크고, 하늘도 크고, 땅도 크고,

왕 또한 크다.

이 세상에 네 가지 큰 것이 있는데

왕이 그 가운데 한 자리를 차지한다.

사람은 땅을 본받고, 땅은 하늘을 본받으며,

하늘은 도를 본받고, 도는 스스로 그러함,

즉 자연自然을 본받는다.

———

대왈서(大曰逝) 서왈원(逝曰遠) 원왈반(遠曰反)

고도대(故道大) 천대(天大) 지대(地大) 왕역대(王亦大)

국중유사대(國中有四大) 이왕거기일언(而王居其一焉)

인법지(人法地) 지법천(地法天) 천법도(天法道) 도법자연(道法自然)

_『도덕경』

그러므로 '지극한 즐거움이란 즐거움이 없는 것이고,
지극한 명예란 명예가 없는 것이다'라고 한다.

—

고왈(故曰) 지락무락(至樂無樂) 지예무예(至譽無譽)

_『장자』「지락(至樂)」

◆ 욜로, 마음껏 즐기는 인생의 함정

오늘날 중독 문제가 심각하다. 중독은 쾌락에 기인한다. 쾌락(快樂)
은 '빠른 즐거움'이라는 뜻이다. 중독자는 원하는 결과를 빨리 얻으려
한다. 우울한 기분에서 빨리 벗어나려고 술을 마신다. 그러다 알코올
중독에 빠진다. 돈을 빠르게 벌려고 도박을 한다. 그러다 도박중독에
빠진다. 인생에 지름길은 없다. 공짜도 없다. 바라는 결과를 빨리 얻기
란 불가능하다.

동문의 결혼식 날이었다. 오랜만에 만난 동기 하나가 값비싼 외제
차를 타고 왔다. 대학 시절 그의 별명은 '욜로'였다. 'You Only Live
Once.' 한 번 사는 인생 마음껏 즐긴다는 게 그 친구의 신념이었다.

욜로와 비슷한 느낌의 신조어로 플렉스(flex)가 있다. 플렉스란 '몸
을 푼다'라는 뜻이다. 큰 경기에 나선 선수들은 시합 전 몸을 푼다. 몸
을 풀며 은근히 자신의 역량을 과시한다. 내보일 게 있다면 서슴지 않

고 뽐낸다.

욜로 동기의 별명은 어느새 플렉스가 돼 있었다. 그와 인사를 나누며 말했다.

"우리 동기 중에 이렇게 성공한 사람이 있어 기쁘다."

진심에서 우러나온 말이었다. 그런데 돌아온 대답이 의외였다. 그는 가까이 다가와 속삭이듯 말했다.

"야, 성공은 무슨. 다 영끌이야. 다달이 나가는 돈만 해도 숨 막혀 죽을 지경이다. 내 차 봤냐. 그것도 원래는 그 클래스가 아니다 그거야. 카센터에 가면 다른 클래스로 외관을 바꿔 준다니까? 세상 좋아졌지. 겉만 보면 완전 다른 클래스거든. 차가 얼굴인 세상 아니냐. 어딜 가든 대우가 달라지는데 그 정도 투자쯤이야 뭐. 아까울 이유가 없지. 한 번 사는 인생 별것 있냐. 즐기다 가면 그만이지."

다른 동기에게 물어보고 나서야 영끌의 의미를 알았다. '영혼까지 끌어모은다'는 뜻이라 했다. 그제야 조금 이해가 됐다. 동기의 밝은 미소 뒤에 서렸던 피로감의 정체가.

'뭐 별것 있냐'라는 말을 습관처럼 내뱉는 사람이 있다. 그런 사람의 인생은 정말 별것 없게 될지 모른다. '마음껏 즐기면 그만이다'라는 말에 중독된 사람이 있다. 그런 사람의 인생은 마음껏 즐기게 될 수 없는 순간 의미를 상실할지도 모른다.

현실이란 늘 즐거울 수 없는 법이다.

◆ 즐거움은 척하는 데서 오지 않는다

『장자』「지락」에는 이런 대목이 있다.

천하에 지극한 즐거움이란 있는가 없는가.

사람들은 부귀, 장수, 명예를 중시한다. 몸의 편안함, 맛있는 음식, 예쁜 옷, 좋은 빛깔, 아름다운 음악을 좋아한다. 이런 것들을 얻지 못하면 크게 근심하고 몹시 두려워한다.

또 사람들은 가난함, 천함, 일찍 죽음, 비난을 기피한다. 몸의 불편함, 맛없는 음식, 허름한 옷, 추한 빛깔, 시시한 음악을 싫어한다. 이는 드러내 보임만을 위하는 것이다. 어리석은 일이다.

부자는 자신의 몸을 괴롭혀서 애써 일한다. 재물을 많이 쌓아 놓는다. 하지만 다 쓰지도 못하고 죽는다. 부(富)란 몸을 위하는 방법이 될 수 없다.

고관대작은 밤낮이 없다. 쉼 없이 일의 잘되고 잘못됨을 생각한다. 그러느라 마음을 썩인다. 고관대작은 몸을 위하는 사람이 될 수 없다. 늙으면 정신이 흐려진다.

장수하는 사람은 정신이 흐린 상태에서도 계속 근심한다. 죽지도 않는다. 이 무슨 괴로움인가? 장수는 몸을 위하는 길이 될 수 없다. 사람이란 무엇인가. 사람은 근심과 함께 태어나고 근심과 함께 살다 죽는다.

『장자』「지락」의 말이 이어진다.

그러므로 '지극한 즐거움이란 즐거움이 없는 것이고, 지극한 명예란 명예가 없는 것이다'라고 한다.

세상 일의 맞고 틀림은 단정할 수 없다. 오직 무위(無爲)만이 맞고 틀림을 결정할 수 있다.

하늘은 무위한데 그 때문에 맑다. 땅도 무위한데 그 때문에 안정된다.

하늘과 땅의 무위가 만나 만물을 변화시킨다.

무위란 무엇인가. '억지로 드러내 보임이 없음'을 뜻한다. '어떠어떠한 척이 없음'을 뜻한다. 하늘은 저절로 맑지만 맑은 척해서 맑은 게 아니다. 땅은 저절로 안정돼 있지만 안정됨을 드러내 보이고자 안정돼 있는 게 아니다.

『도덕경』에는 이런 대목이 있다.

큰 것은 가게 되고, 가면 멀어지며, 멀어지면 되돌아온다.

그러므로 도는 크고, 하늘도 크고, 땅도 크고, 왕 또한 크다.

이 세상에 네 가지 큰 것이 있는데 왕이 그 가운데 한 자리를 차지한다.

사람은 땅을 본받고, 땅은 하늘을 본받으며, 하늘은 도를 본받고,

도는 스스로 그러함, 즉 자연을 본받는다.

자연의 특징은 '어떠어떠한 척'이 없음이다. 억지로 척하는 것은 이미 자연이 아니다. 하늘인 척을 한다면 하늘이 아니다. 땅인 척을 한

다면 땅이 아니다. **사람인 척을 한다면 이미 사람이 아니다.**

아무런 척함도 없는 상태를 본연(本然)이라고 한다. 본연의 성질을 본성(本性)이라고 한다. 본성은 부메랑과 같다. 던지고 던져도 제자리로 돌아온다. 본성을 잊지 않는 일은 중요하다. 무엇이 본성을 잊지 않는 것일까? 척하지 않는 것이다.

◆ 나를 척하게 만드는 것은 무엇인가

영끌이 본성인 사람은 없다. 빚 갚는 걸 즐기는 사람은 없기 때문이다. 플렉스가 본성인 사람도 없다. 무리하는 걸 즐기는 사람은 없기 때문이다.

즐거움은 사람의 본성이 아니다. 사람은 누구나 울며 태어난다. 웃으며 태어나는 사람은 없다. 어쩌면 사람은 본능적으로 알지도 모른다. 현실이 즐겁기만 할 순 없음을.

부귀한 척하는 사람은 정말로 부귀해질 수 없고, 무리해서 장수하려는 사람은 정말로 장수할 수 없다. 명예로운 척하려는 사람은 정말로 명예로워질 수 없고, 즐거운 척하려는 사람은 즐거워질 수 없다. '별것 없다'라는 듯 말하고 행동하는 사람의 마음에는 별것 없지 않을 가능성이 높다.

즐거움이란 찰나의 것이다. 삶의 순간마다 잡힐 듯 말 듯 찾아오는 것이

다. 대단한 즐거움이 지속되는 경우는 없다. 지금의 소박한 즐거움이 있을 뿐이다.

몸이 편안하다, 맛있는 음식을 먹는다, 예쁜 옷을 입는다, 아름다운 것을 보고 듣는다, 이로써 계속 즐거우리란 생각은 착각이다. 반대로 몸이 불편하다, 맛있는 음식을 먹지 못한다, 예쁜 옷을 입지 못한다, 아름다운 것을 보고 듣지 못한다, 이로써 무작정 즐겁지 못하리란 생각도 착각이다. 이것들은 즐거움이라는 목적 달성에 필요한 근본이 아니기 때문이다.

맞고 틀림의 기준은 저마다 다르다. 좋고 나쁨의 기준도 저마다 다르다. 때문에 즐거움의 기준도 저마다 다르다. 지극한 즐거움을 만끽하는 첫걸음은 무엇일까. 본성을 아는 것이다. 본성을 따르고 간직하는 것이다. 이를 위해 척하지 않는 지혜가 필요하다.

하늘과 땅은 무위로 만물의 변화를 이끌어낸다. 가장 자연스럽고 바람직한 변화는 바로 무위와 무위가 만날 때 일어난다. 삶에서 긍정적 변화가 멈춘 듯 느껴질 때가 있다. 부정적인 변화가 늘어난 듯 느껴질 때가 있다. 그럴 땐 무엇이 자신을 척하게 만드는지 고민해야 한다. 무엇이 자신에게 척하고 있는지 살펴봐야 한다. 척하는 것들과의 관계는 순리를 거스른다. 사람을 무위에서 이탈시킨다. 건전한 선순환에 지장을 초래한다.

20

심재좌망
두려움을 없애는 망각의 힘

그 자신을 도외시해야 오히려 자신이 보존된다.
그것은 사사로운 기준을 버린 것 아니겠는가?
그래서 도리어 그 사사로운 기준을 완성할 수 있다.

—

외기신이신존(外其身而身存) 비이기무사야(非以其無私耶) 고능성기사(故能成其私)

『도덕경』

활 쏘는 사람의 기술은 늘 같지만
아깝다고 생각하는 마음이 있게 되면,
외물外物을 소중히 여기게 되어
거기에 마음을 빼앗기게 된다.
외물을 소중히 여기게 되면
내면의 마음에 소홀하게 되는 것이다.

—

기교일야(其巧一也) 이유소긍(而有所矜)

즉중외야(則重外也) 범외중자내졸(凡外重者內拙)

_『장자』「달생(達生)」

◆ 나 자신까지 잊어버리는 경지

'확인 사살.' 종종 쓰는 말이다. '생사를 확인하고 한 번 더 사살함' 을 뜻한다. 확인 사살은 일상에서도 빈번히 발생한다. 싸울 의지가 사라진 사람을 짓누르고, 여러 사람 앞에서 창피를 주어 의지마저 꺾어버리는 것. 이 또한 확인 사살이다. 그런데 가만 생각해 보면 이런 확인 사살은 '다시는 살아나지 말아 달라'라는 호소에 가깝고, '다시는 상대하고 싶지 않다'라는 애원에 가깝다. 어쩌면 확인 사살은 겁 많은 사람의 발악일지도 모른다. 질려버린 사람의 몸부림일지 모른다.

『장자』「달생」에는 이런 대목이 있다.

> 술 취한 사람은 빠른 수레에서 떨어져도 죽지 않는다. 술 취한 사람의 뼈와 관절은 보통 사람과 같다. 하지만 술 취한 사람의 정신은 보통 사람과 다르다. 술 취한 사람은 수레에 탄 것도 알지 못한다. 수레에서 떨어지는 것도 알지 못한다. 삶과 죽음을 잊는다. 그래서 놀라지 않는다. 어떤 일도 두려워하지 않는다.

'미쳐서 살았다. 정신 들어서 죽었다'라는 말이 떠오른다. 일리 있는 말이다. 자신의 상태를 직시하기 힘들 때, 자신의 조건과 상황을 의식하기 괴로울 때, 사람은 무언가에 미친 듯 몰두한다.

『장자』「달생」에는 이런 대목도 있다.

재경(梓慶)이라는 목수가 있었다. 그는 나무를 깎아서 북틀을 만들었다. 완성된 북틀을 본 사람은 모두 놀랐다. 귀신같은 솜씨라고 칭송했다.

노(魯)나라 임금이 재경에게 물었다.

"무슨 재주로 이런 일이 가능한가?"

재경이 답했다.

"저는 목수일 뿐입니다. 무슨 특별한 재주가 있겠습니까? 한 가지뿐입니다. 저는 북틀을 만들기 전에 반드시 재계(齋戒)합니다. 기운을 손상시키지 않기 위함입니다. 마음을 고요하게 만들기 위함입니다.

북틀을 만들어 얻는 이익, 상으로 받을 벼슬이나 복록. 사흘간 재계하면 이것들이 생각나지 않습니다. 작품에 대한 비난이나 칭찬, 완성도의 아름다움이나 서투름. 닷새간 재계하면 이것들이 생각나지 않습니다. 손발과 육체. 일주일간 재계하면 이것들이 생각나지 않습니다. 이때가 되면 나라도 권세도 안중에 없습니다. 밖의 어지러움이 모두 사라집니다. 그렇게 된 뒤에야 산림으로 들어갑니다. 나무의 성질을 살피고 좋은 모양을 찾아냅니다. 먼저 마음속으로 북틀을 완성합니다. 그러고 나서야 나무에 손을 댑니다."

'이번 일이 잘못되어 망하면 어쩌나.', '이번 일이 잘되면 어떨까. 예기치 못한 이익이 생기면 무얼 할까?', '이번 일로 내 삶은 어떻게 변화할까?', '내 선택과 행동을 누군가 비난하면 어쩌나.', '사람들은 이번 일로 나를 칭찬할까?' 등 하루에도 몇 번씩 머릿속을 헤집는 생각이 있다. 일이 손에 잡히지 않을수록 이런 생각은 자꾸 떠오른다.

재계는 '몸과 마음을 깨끗이 한다'라는 뜻이다. 재계는 왜 필요할까. 생각에 얽매이지 않고자 필요하다. 장자는 **심재**(心齋)와 **좌망**(坐忘)을 말했다. 심재란 '마음을 재계한다'라는 뜻이고, 좌망은 '고요히 모든 것을 잊어버린다'라는 뜻이다. 더 구체적으로는 '나 자신까지 잊어버린다'라는 뜻이다. 신기에 가까운 재경의 솜씨는 심재좌망에서 나왔다.

◆ 두려움은 외물에서 생겨난다

『장자』「달생」에는 이런 대목도 있다.

> 제(齊)나라 환공(桓公)이 연못으로 사냥을 나갔다. 그곳에서 귀신을 봤다. 이후로 환공은 시름시름 앓았다. 헛소리를 해댔다. 정신을 잃기도 했다. 며칠간 아무 데도 나가지 못했다. 황자고오(皇子告敖)가 환공을 문병했다. 황자고오가 말했다.

"임금님은 스스로 앓고 계십니다. 귀신이 어떻게 임금님을 앓게 할 수 있습니까? 엉긴 기운이 흩어지기만 하고 되돌아오지 않으면 정신 상태가 불안정하게 됩니다. 엉긴 기운이 올라가기만 하고 내려오지 않으면 성을 잘 내게 됩니다. 엉긴 기운이 내려가기만 하고 올라오지 않으면 잘 포기하게 됩니다. 엉긴 기운이 올라가지도 내려오지도 않으면 마음에 병이 생기게 됩니다."

환공이 물었다.

"귀신은 정말 있는가?"

황자고오가 답했다.

"있습니다."

황자고오는 환공에게 여러 귀신을 설명했다. 그중에는 연못의 귀신 위사(委蛇)도 있었다. 환공은 위사 이야기에 귀를 기울였다. 환공이 말했다.

"위사라는 귀신은 정확히 어떻게 생겼는가? 자세히 말해보라."

황자고오가 답했다.

"위사는 굵기가 수레바퀴 통만 합니다. 길이는 수레 멍에만 합니다. 자주색 옷을 입고 붉은 관을 썼습니다. 수레 달리는 소리를 싫어합니다. 사람을 보면 뱀 대가리 같은 머리를 쳐들고 일어납니다. 그놈을 본 사람은 누구든 패자(霸者)가 된다고 합니다."

환공은 크게 웃으며 이렇게 말했다.

"그놈이 바로 내가 본 놈이오."

환공은 자리에서 벌떡 일어났다. 옷과 관을 바로 하고 황자고오와 마주

앉았다. 패자가 될 이야기를 나누기 시작했다. 환공의 병은 그날을 넘기지 않고 씻은 듯 나았다. 하지만 환공은 자신이 나았단 사실조차 의식하지 못했다.

귀신을 두려워하는 사람이 많다. 그러나 귀신이 두려운 이유는 귀신 그 자체에 있지 않다. 귀신이 내게 끼칠 해로움에 있다. 해로움을 방비하느라 근심함에 있고, 근심하느라 병듦에 있다.
『장자』「달생」의 말이 이어진다.

헤엄을 잘 치는 사람은 노 젓는 일을 빨리 배운다. 물을 근심하지 않기 때문이다. 잠수를 잘하는 사람은 깊은 물속을 언덕처럼 여긴다. 배가 뒤집히는 것을 수레가 물러나는 것처럼 여긴다. 그래서 배를 처음 탄 사람도 곧바로 노를 젓는다. 어떤 사태에도 마음이 어지러워지지 않기 때문이다.
기왓장을 내기로 활쏘기를 하면 잘 쏠 수 있지만, 허리띠를 내기로 활을 쏘면 마음이 켕기게 되고, 황금을 내기로 활을 쏘면 정신이 아찔해져 눈이 가물가물하게 된다.
활 쏘는 사람의 기술은 늘 같지만 아깝다고 생각하는 마음이 있게 되면, 외물을 소중히 여기게 되어 거기에 마음을 빼앗기게 된다. 외물을 소중히 여기게 되면 내면의 마음에 소홀하게 되는 것이다.

두려움을 없애는 망각의 힘

외물이란 '밖의 사태'를 뜻한다. '나에게 달려있지 않은 사태', 즉 '내 노력과 의지로 어찌할 수 없는 사태'를 뜻한다. 외물은 귀신처럼 사람에게 달라붙고, 두려움은 외물에서 생겨난다. **그래서 외물을 잊은 사람은 두려움도 잊는다. 외물을 잊어야 내면에 집중할 수 있다.**

◆ 하늘이 내려준 선물, 망각

『장자』「달생」에는 이런 대목도 있다.

> 발을 잊는 것은 신발이 알맞기 때문이다. 허리를 잊는 것은 허리띠가 알
> 맞기 때문이다. 맞고 틀림을 잊는 것은 마음이 알맞기 때문이다.
> 안으로 마음이 변치 않고 밖으로 사태에 끌려다니지 않는 것은 사리와
> 경우에 알맞기 때문이다. 알맞음에서 시작하여 알맞지 않은 일이 없게
> 된다. 그러면 알맞음이 알맞은 것조차 잊게 된다.

귀신처럼 달라붙어 부정적 감정을 유발하는 일들이 있다. 그런 일에 집착하면 마음에 병이 생긴다. 심재는 집착의 사슬을 끊는 힘이다. 돌아와 내면의 소리에 집중하는 힘이다. 심재는 사리와 경우에 맞도록 삶을 변화시킨다. 그러다 보면 알맞게 되려는 노력조차 잊히는 순간이 온다. 좌망의 순간이다. 심재좌망의 경지에서는 외물과 사람 간

의 경계가 사라진다. 외물이 사람을 침범할 수 없게 된다. 이를 **물아일체**(物我一體)라고 한다.

『도덕경』은 말한다.

> 자신을 도외시한다. 그로써 오히려 자신을 보전한다.
> 사사로운 기준을 버린다. 그로써 오히려 사사로운 기준을 완성한다.

나를 잊어버리는 첫단계는 무엇일까. 나를 도외시하는 것이다. 도외시의 의미는 무엇일까. 몰라서 잊지 못하는 게 아니다. 애써 잊은 척하는 게 아니다. 잊고 싶은 일에 더는 마음이 쏠리지 않는 것이다. 모름과 잊음은 다르다.

포기와 비움도 다르다. 믿을 수 없어 손조차 못 대는 게 포기다. 믿지만 매달리지 않는 게 비움이다. 사람의 기준은 사사로울 수밖에 없다. 저마다의 조건, 상황, 입장이 다르기 때문이다. 기준은 한계를 뜻한다. 사사롭게 정한 한계가 사라질 때 사람의 그릇은 커진다.

하늘이 사람에게 준 선물이 있다. 망각이다. **비워야 불안함이 사라진다. 잊어야 두려움이 사라진다. 정말로 잊어야 좋을 일을 제대로 잊어버리는 게 심재좌망이다.** 심재좌망은 불안과 공포를 극복하는 훌륭한 길이다.

21

계곡의 신

인생에 오르막길만 있는 사람은 없다

계곡의 신神은 죽지 않는다.

이를 일러 마치 새끼를 낳는 암컷의 그것과 같은

미묘한 모성母性이라고 한다.

암컷의 갈라진 틈, 이를 일러 하늘과 땅의 근원이라고 한다.

끊임없이 이어져 오면서도 겨우 있는 것 같지만

그 등용登用은 무궁무진하다.

─

곡신불사(谷神不死) 시위현빈(是謂玄牝) 현빈지문(玄牝之門) 시위천지근(是謂天地根)

면면약존(綿綿若存) 용지부근(用之不勤)

_『도덕경』

굶주림과 목마름, 추위와 더위, 궁색함과 질곡의 세월,

일이 뜻대로 되지 않음은

하늘과 땅의 행위이며 만물이 변화해 가는

자연스러운 흐름이다.

이 말은 이러한 운행, 변화와 함께

어울려 가기만 하면 된다는 것을 뜻한다.

—

기갈한서(飢渴寒暑) 궁질불행(窮桎不行) 천지지행야(天地之行也) 운물지설야(運物之泄也)

언여지해서지위야(言與之偕逝之謂也)

_『장자』「산목(山木)」

◆ 이도 저도 아닌 이무기 같은 사람들

이무기라는 전설에 등장하는 동물이 있다. 이무기는 원래 큰 구렁이로 용이 되고자 하는 마음에 오랜 시간 도를 닦았으나, 어떤 저주나 실수로 인해 결국 용이 되지 못하고 지상에 머물게 된 생물이다. 그렇게 뱀도 아니고 용도 아닌 애매한 상태에서 이무기는 마음이 비뚤어져 사람들에게 해를 끼치게 되고, 끝내 비참한 최후를 맞이하게 된다. 『장자』「산목」에 이런 대목이 있다.

장자가 산속을 거닐 때였다. 가지와 잎새가 무성한 큰 나무를 보았다. 하지만 나무꾼은 다른 나무를 베고 있었다. 그 나무를 쳐다보지도 않았다. 장자가 이유를 묻자 나무꾼이 답했다.

"쓸 만한 곳이 없습니다."

장자가 말했다.

"이 나무는 쓸모가 없어서 천수를 누리는구나."

산에서 나온 장자는 친구 집에 들렀다. 친구는 기뻐하며 하인을 부르더니 거위를 잡아 요리하도록 시켰다. 하인이 물었다.

"한 놈은 잘 웁니다. 한 놈은 울 줄 모릅니다. 어느 것을 잡을까요?"

주인이 말했다.

"울지 못하는 놈을 잡아라."

이때 곁에 있던 제자가 장자에게 물었다.

"산속의 나무는 쓸모없어서 천수를 다했습니다. 주인집 거위는 쓸모없어서 죽었습니다. 선생님은 장차 어떻게 처신하시렵니까?"

장자가 웃으며 말했다.

"나는 쓸모 있음과 쓸모없음의 사이에 머물겠다. 한 번은 하늘에 오르는 용이 되겠다. 한 번은 땅속을 기는 뱀이 되겠다. 때를 따라 자유롭게 변화하겠다. 하나의 모습에만 집착하지 않겠다. 하늘 높이 오르기도 땅속 깊이 내려오기도 하는 조화로 기준을 삼겠다."

처음 등산할 땐 몸이 힘들어서 이런 생각이 들었다. 올라갈 땐 헬리콥터를 타고 내려올 때만 걸었으면 좋겠다고. 하지만 산에서 보내는 시간이 늘면서 깨달았다.

'오르막이 있으면 내리막이 있는 건 당연하다. 저절로 그러한 자연의 이치이다. 달갑게 오르든 불평하며 오르든 내 발로 오르는 것이다.

내 발로 오른 만큼은 내 발로 내려올 수밖에 없다. 이는 어쩔 수 없는 사람의 한계다. 사람의 명(命)[15]이다. 자연의 이치를 기억하는 등산은 편안하다. 사람의 명을 받아들이는 삶은 편안하다. 자연의 이치를 잊어버린 등산은 지겹다. 사람의 명을 밀어내는 삶은 고되다.'

자연의 이치와 사람의 명. 그 공통점은 무엇일까. 오르막과 내리막의 조화다. 나아감과 물러남의 조화다. **조화란 이무기처럼 중간 단계에 머무르는 게 아니다. 때에 따라 올라갔다 내려왔다를 반복하는 것이다.** 그러려면 유연해야 한다. 용의 순간과 뱀의 순간 모두를 편안히 여길 수 있어야 한다.

『장자』「산목」의 말이 이어진다.

통합됐다 싶으면 분열된다. 완성됐다 싶으면 파괴된다. 날카로운가 싶으면 꺾인다. 존귀한 사람인가 싶으면 몰락한다. 훌륭한 사람인가 싶으면 무너진다. 현명한 사람인가 싶으면 모함을 받는다. 어리석은 사람인가 싶으면 기만을 당한다.

때에 따른 재난에서 늘 안전할 순 없다. 안전한 길은 조화를 이루는 것뿐이다. 조화는 도(道)와 덕(德)의 고향이다.

자연의 이치와 사람의 명이 때에 따라 조화롭게 흘러간다. 이런 삶

---

15   명에 관해서는 앞서 119쪽 제13장 『장자』「천지」를 풀이한 부분에서 자세히 설명했다.

을 사는 사람은 편안하다. 용의 순간에 집착하지 않고 뱀의 순간을 기피하지 않는다. 그러나 여전히 많은 이가 용의 순간만을 갈구하고 뱀의 순간을 천시하며 살아간다.

◆ 진실한 관계의 맺음

『장자』「산목」의 말이 계속된다.

임회(林回)라는 가(假)나라 사람이 있었다. 그는 천금의 진주를 버리고 갓난아기와 함께 도망쳤다. 어떤 사람이 물었다.

"값으로 보자면 갓난아기는 진주보다 훨씬 하찮다. 거추장스러움으로 보자면 갓난아기는 진주보다 훨씬 귀찮다. 진주를 버리고 갓난아기를 선택한 이유는 무엇인가?"

임회가 말했다.

"진주와 나는 이익이 맺어준 관계인 반면 갓난아기와 나는 하늘이 붙여준 관계다. 이익이 맺어준 관계는 궁지에 몰리면 서로 버린다. 환난을 당하거나 해로움이 생겨도 서로 버린다. 그러나 하늘이 붙여준 관계는 궁지에 몰리면 서로 거둔다. 환난을 당해도 해로움이 생겨도 서로 거둔다. 서로 버리는 사이와 서로 거두는 사이. 이 둘의 차이는 크다."

용의 순간에 맺은 관계는 어떨까. 용의 순간이 끝나면 끊어질 가능성이 높다. 그런 관계는 용과 맺어진 관계다. 나와 맺어진 관계가 아니다. 뱀의 순간에 맺은 관계는 어떨까. 뱀의 순간이 끝나도 지속될 가능성이 높다. 그런 관계는 뱀과 맺어진 관계가 아니다. 나와 맺어진 관계다.

용의 순간에만 있으면 진실한 관계를 맺기 어렵다. 어떤 모습이 상대방의 진심인지 구분하기 어렵기 때문이다. **하지만 뱀의 순간과 용의 순간을 자유롭게 오가면, 상황에 따라 그 사람이 어떻게 바뀌는지 알 수 있어 진실한 관계를 맺을 수 있다.** 나 역시 진실한 관계와 그렇지 못한 관계를 분별하는 힘이 생길 것이다.

『장자』「산목」의 말이 이어진다.

굶주림과 목마름, 추위와 더위, 궁색함과 질곡의 세월, 일이 뜻대로 되지 않음은 하늘과 땅의 행위이며 만물이 변화해 가는 자연스러운 흐름이다. 이 말은 이러한 운행, 변화와 함께 어울려 가기만 하면 된다는 것을 뜻한다. 신하는 임금의 명에서 벗어나지 못한다. 임금에 대한 신하의 도리이기 때문이다.

그러면 사람과 하늘이야 어떻겠는가. 사람이 하늘을 대하는 도리야 어떻겠는가. 처음 출세하면 그렇다. 모든 것이 뜻대로 된다. 벼슬이 생기고 녹봉이 늘어난다. 스스로 곤궁하지 않다고 느낀다. 하지만 벼슬과 녹봉은 원래부터 가졌던 게 아니다. 밖의 물건이 잠시 이로움을 줄 뿐이다. 자신의 운명이 밖에 달려있게 되면 밖에서부터 지배를 당한다.

제비보다 지혜로운 새는 없다. 처신하기에 마땅치 못하면 돌아보지도 않고 달아난다. 먹이를 물고 있다가도 버리고 달아난다. 제비는 이처럼 사람을 두려워한다. 그런데도 사람들이 사는 집에 들어와 둥지를 튼다. 살 곳과 먹을 것이 있기 때문이다.

제비에겐 처신할 곳을 아는 지혜가 있다. 먹이에 집착하지 않는 현명함도 있다. 그런데도 사람이 사는 집에 둥지를 튼다. 날아갔다 돌아오길 반복한다. 자신의 명을 알기 때문이다. 사람도 마찬가지다. 세상이 두렵게 느껴질 때가 있다. 이익만 밝히는 세태에 몸서리쳐질 때도 있다. 그러나 사람은 세상을 떠나 살 수 없다. 올라갔다 내려오길 반복할 수밖에 없다. 용의 순간과 뱀의 순간 모두를 편안히 여길 수밖에 없다. 이것이 세상의 흐름에 자신을 맞추는 유일한 길이기 때문이다.

◆ 용과 뱀의 경계를 허물고 나아가라

『장자』「산목」은 나아가 이렇게 말한다.

만물은 변화하고 있다. 누가 변화시키는진 알 수 없다.
그러니 어떻게 변화의 끝과 시작을 알 수 있겠는가.

자신을 올바르게 한다. 그리고 변화에 호응하며 기다릴 뿐이다.

변화에 호응하며 기다리는 일. 이는 명을 아는 사람만이 할 수 있고, 명을 편안히 여기는 사람만이 할 수 있다. 자신을 올바르게 하는 첫걸음은 명을 받아들이는 것이다.

『도덕경』에는 이런 대목이 있다.

계곡의 신은 죽지 않는다.
이를 일러 마치 새끼를 낳는 암컷의 그것과 같은 미묘한 모성이라고 한다.
암컷의 갈라진 틈, 이를 일러 하늘과 땅의 근원이라고 한다.
끊임없이 이어져 오면서도 겨우 있는 것 같지만 그 등용은 무궁무진하다.

등산을 하다 보면 그렇다. 안개 자욱한 계곡을 만날 때가 있다. 가만히 내려다보자면 눈앞이 가물가물해진다. 그 속에 뭐가 있을지 알 수 없다. 용, 이무기, 뱀. 뭐가 있어도 이상하지 않다. 세상의 변화와 흐름도 이와 같다. 보일 듯 말 듯 하다. 잡힐 듯 말 듯 하다. 변화와 흐름이 용의 순간도 뱀의 순간도 낳는다.

노자는 계곡을 모성에 비유했다. 자연의 근원이자 생명을 순환시키는 자궁의 모습이다. 장자는 쓸모 있음과 쓸모없음의 사이에 처신하겠다고 했다. 계곡과 같은 삶의 이치에 처신함을 뜻한다. 세상의 이치는 가물가물하다. 자연의 법칙은 끊임없이 이어진다. 조화는 어떻게 가능할까. 명을 수용함으로 가능하다. 명을 편안히 여김으로 가능하다.

삶의 오르막과 내리막을 자유롭게 오가고, 용의 순간과 뱀의 순간을 담담하게 노니는 사람에게 조화의 가능성은 무궁무진하다. 명을 거부하고 배척하며, 오르막과 내리막 중 하나에만 집착하는 사람. 용의 순간만 추구하고 뱀의 순간은 기피하는 사람에게 조화의 가능성은 바늘구멍만큼이나 작다. 오르고 오르기만 할 것인가. 오르내림이 주는 굴곡의 상쾌함을 만끽할 것인가. 용이 되기만 추구하다 이무기가 될 것인가. 용과 뱀의 경계를 허물 것인가. 구속당할 것인가. 해방될 것인가. 현명한 선택이 필요한 순간이다.

22

벌거벗음
잘하는 사람은 꾸미지 않는다

큰 도道가 망가져서 인의仁義가 있게 되었고,

지혜가 출현하여 큰 거짓이 있게 되었다.

가정이 화목하지 못하니 효도나 자애의 관념이 생겨났고,

국가가 혼란스러우니 충신이 있게 되었다.

―

대도폐(大道廢) 유인의(有仁義) 지혜출(智慧出) 유대위(有大僞)

육친불화(六親不和) 유효자(有孝慈) 국가혼란(國家昏亂) 유충신(有忠臣)

_『도덕경』

임금이 사람을 시켜 그를 살펴보게 하니,

그는 옷을 모두 벗고 벌거숭이가 되어

두 발을 쭉 뻗고 앉아있었다.

임금이 말했다.

"됐다. 저 사람이야말로 정말로 잘 그릴 사람이다."

―

공사인시지(公使人視之) 즉해의반박라(則解衣般礴羸)

군왈(君曰) 가의(可矣) 시진화자야(是眞畵者也)

_『장자』「전자방(田子方)」

◆ 올바름으로 상대의 뜻을 접게 만들다

평생 인사를 잘하라는 말을 들으며 살았다. 그래서 어디서든 사람을 만나면 열심히 인사를 하는 편이다. 그런데 상대방이 인사를 받지 않으면 기분이 상한다. 거절당했다는 생각에 괜히 얼굴이 붉어진다. 하지만 이럴 땐 이렇게 한번 생각해 볼 수도 있지 않을까 싶었다.

'일부러 그랬든 모르고 그랬든 상관없다. 상대방이 인사를 받지 않아도 괜찮다. 그 복(福)은 나에게 돌아올 테니까.'

『장자』「전자방」에는 이런 대목이 있다.

그 사람됨이 참되다. 사람의 모습을 하고 있지만 하늘처럼 텅 비어 있다. 자연을 따름으로 참된 본성을 잃지 않는다. 맑은 모습으로 만물을 포용한다.

남이 무도한 짓을 하더라도 자기 모습을 올바르게 한다. 이로써 남을 깨닫게 한다. 상대방의 뜻을 자연스레 사그라뜨린다.

인사를 거절당했다고 화를 내면서 따지면 고의로 무시한 상대방과 설전을 피하기 어려울 것이다. 반대로 정말 모르고 지나쳤던 상대방은 무안해할 것이다. 이처럼 사람에게는 자신의 행동을 선택할 권리가 있고, 그 권리 행사에 따른 결과를 책임질 의무가 있다. 책임은 남에게 떠넘길 수도 없고, 남을 대신해 떠맡을 수도 없다.

인생도 마찬가지다. 참되게 살려고 노력했는데, 사람들이 몰라준다며 무도함을 드러내는 사람들이 있다. 어쩌면 안 그런 사람보다 그런 사람이 더 많을지도 모르겠다. **그런데 이렇게 참된 본성과 참되게 살려는 노력을 저버리는 건 상대방이 져야 할 책임을 대신 지는 것과 같다.** 삶의 축복과 재앙은 상대방의 반응이나 평가에 달려있지 않다. 바로 내 삶의 자세에 달려있다.

◆ **자유스러움과 자연스러움의 차이**

『장자』「전자방」에는 이런 대목도 있다.

장자가 노(魯)나라 애공(哀公)을 만났다. 애공이 말했다.
"우리 노나라에는 선비들이 많소. 그러나 당신의 도를 닦는 사람은 적소."
장자가 말했다.
"노나라에는 선비도 적습니다."

애공이 말했다.

"온 노나라가 선비의 옷을 입고 있소. 어째서 적다는 것이오?"

장자가 답했다.

"제가 듣기론 그렇습니다. 선비가 둥근 갓을 머리에 씀은 하늘의 때를 안다는 표시입니다. 네모난 신발을 신음은 땅의 형상을 안다는 표시입니다. 오색 구슬을 허리에 참은 결단을 내릴 줄 안다는 표시입니다. 그런데 선비가 정말 도를 지녔다면 반드시 그런 복장을 하진 않을 것입니다. 그런 복장을 했다고 해서 전부 도를 지녔다고 볼 수는 없지 않겠습니까? 나라 안에 명령을 내려 보시지요. '선비의 도를 지니지 않았으면서 선비의 옷차림을 한 자는 사형에 처한다'라고 공표해 보시지요."

애공은 명령을 공표했다. 닷새가 지났다. 노나라에는 선비의 옷차림을 한 사람이 없게 됐다. 오직 한 사람만이 선비의 옷차림으로 궁궐 앞에 서 있었다. 애공은 그를 불러 이런저런 나랏일을 물어봤다. 그는 천만 가지로 변화하는 문제들에 막힘이 없었다. 장자가 말했다.

"노나라에 선비는 이 한 사람뿐입니다. 많다고 할 수 있겠습니까?"

『장자』「전자방」의 말이 이어진다.

열자의 스승은 백혼무인(伯昏無人)이다. 열자가 백혼무인을 위해 활쏘기를 했다. 열자는 팔꿈치 위에 물이 가득 담긴 잔을 올리고 그 상태로 활을 쐈다. 첫째 화살이 나가자마자 둘째 화살을 깍지에 끼웠다. 둘째 화살이 나가자마자 셋째 화살을 깍지에 끼웠다. 나란히 날아가는 화살이 꼬리에 꼬리를 문 듯했다. 하지만 열자는 나무 인형처럼 미동도 없었다. 잔에선 물 한 방울 흘러내리지 않았다.

백혼무인이 말했다.

"이것은 활쏘기를 의식한 활쏘기이다. 활쏘기를 초월한 활쏘기가 아니다. 나와 함께 높은 산에 올라보자. 험준한 바위 위에서 천 길 낭떠러지를 앞에 둬보자. 그러고도 네가 활을 잘 쏘는지 보자."

열자와 백혼무인은 높은 산에 올랐다. 치솟은 바위를 밟고 서 천 길 낭떠러지를 내려다봤다. 백혼무인은 낭떠러지를 등지고 뒷걸음질 쳤다. 발의 3분의 2가 허공에 놓였다. 백혼무인이 열자에게 이리 오라며 손짓했다. 열자는 땅에 엎드린 채 발뒤꿈치까지 식은땀을 흘렸다. 한 발자국도 떼지 못했다.

백혼무인이 말했다.

"지극한 사람[죠시]은 그렇다. 위로는 푸른 하늘 끝까지 가본다. 아래로는 황천 바닥까지 가본다. 우주 팔방을 멋대로 휘젓고 다닌다. 그 와중에도 정신이나 기운이 변치 않는다. 지금 너는 벌벌 떨고 있다. 눈까지 가물거리는 모양이다. 이제는 활을 쏴도 맞추기 어려울 것이다."

익숙하고 편안한 와중에 잘하기란 쉽다. 반면 생소하고 불편한 상황에 잘하기란 어렵다. 익숙하고 편안한 삶이란 어떤 모습인가. 본래 타고난 성질을 거스르지 않는 모습이다. 그래서 자연스러운 모습이다. 생소하고 불편한 삶이란 어떤 모습인가. 본래 타고난 성질을 억지로 꾸미는 모습이다. 그래서 부자연스러운 모습이다.

노장이 추구하는 삶은 그렇다. 가장 자연스러운 상황을 전제한다. 자연스러운 말과 행동을 전제한다. 모든 상황이 익숙하고 편안할 순 없다. 익숙하고 편안한 상황에서 열자는 묘기를 부리듯 활을 쐈다. 낯설고 불편한 상황에서 열자는 식은땀을 흘리며 두려움에 사로잡혔다. 백혼무인은 제자인 열자가 지극한 사람이 되기를 바랐다. **지극한 사람이란 어떤 상황에도 마음의 동요가 없는 사람이고, 자신의 본성을 잃지 않는 사람이며, 자연스러운 모습을 지키는 사람이다.**

『장자』「전자방」의 말이 계속된다.

송나라 왕 원군(元君)이 그림을 그리려 하자, 여러 화공들이 모두 달려와 명령을 받고 절한 뒤 섰다. 저마다 붓을 빨고 먹을 가는데 방에도 못 들어오고 밖에 밀려나 있는 사람이 절반이었다. 어떤 화공 한 명이 뒤늦게 도착해 느릿느릿하게 종종걸음 하지도 않으며, 명령을 받고도 절하거나 서는 일 없이 곧장 방 안으로 들어갔다. 임금이 사람을 시켜 그를 살펴보게 하니, 그는 옷을 모두 벗고 벌거숭이가 되어 두 발을 쭉 뻗고 앉아있었다.

임금이 말했다.

"됐다. 저 사람이야말로 정말로 잘 그릴 사람이다."

면접장에서 옷을 홀딱 벗고 앉아있으면 분명 쫓겨날 것이다. 면접 관에게 거리낌 없이 말하고 행동해도 역시 떨어질 것이다. 쫓겨남과 떨어짐은 두려움을 유발한다. 두려운 상황이 낯설고 불편한 이유다. 낯설고 불편한 상황에서 사람은 인위적이기 쉽다.

'벌거벗은 화공'은 누구도 의식하지 않는 익숙하고 편안한 환경을 뜻한다. 본성을 가리는 실오라기조차 없는 상태, 몹시 자연스러운 모습을 뜻한다. 원군은 이런 환경, 상태, 모습에서 가장 아름다운 예술이 탄생할 것이라 믿었다.

면접을 보는 입장과 하는 입장은 다르지 않다. 지나치게 굽신거리는 면접자는 스스로를 부자연스러운 사람이라고 어필하는 것이고, 권위로 추궁하는 면접관은 우리 회사가 부자연스러운 조직이라고 고지하는 것이다. 이렇게 남을 의식한 말과 행동은 자연스럽지 못하다. 반대로 면접처럼 낯설고 불편한 상황에서 가식적이지 않은 사람은 자연스러움을 잃지 않는 사람이다. 도를 지닌 사람이다. 참된 선비다.

형식적이며 가식적인 분위기와 편안하며 자연스러운 분위기 가운데 무엇이 공동체에 더 이로울까. 곰곰이 생각해 볼 일이다. 자유스러움과 자연스러움은 다르다. **자유스러움은 '제멋대로 할 수 있음'에 가깝고, 자연스러움은 '남의 반응과 평가에 속박되지 않음'에 가깝다. '내 마음을 있는 그대로 표현할 수 있음'에 가깝다.**

◆ 예의는 속마음과 겉모습의 조화를 부른다

『도덕경』에는 이런 대목이 있다.

> 큰 도가 망가져서 인의가 있게 되었고,
> 지혜가 출현하여 큰 거짓이 있게 되었다.
> 가정이 화목하지 못하니 효도나 자애의 관념이 생겨났고,
> 국가가 혼란스러우니 충신이 있게 되었다.

인의는 필요한 것이다. 그러나 인의에 구속받는 것은 서로 자연스
럽게 사는 것만 못하다. 지혜는 소중한 것이다. 그러나 지혜롭게 분별
하고 판단하는 것은 서로 진실하게 사는 것만 못하다. 효도와 자애는
아름다운 것이다. 그러나 효도하느라 무리하고 자애롭느라 고생하는
것은 서로 정답게 사는 것만 못하다. 충신과 열사는 존경받아 마땅하
다. 그러나 충신과 열사가 많은 것은 나라에 위기와 혼란이 없는 것만
못하다.

인사가 좋은 이유는 무엇일까. 스치는 눈빛만으로도 서로의 마음을
엿볼 수 있기 때문이다. 인사의 목적은 마음의 교류다. 인사 그 자체
가 목적이 될 순 없다. 예의도 마찬가지다. **예의가 좋은 이유는 속마음과
겉모습이 조화를 이루는 계기가 될 수 있기 때문이다.** 예의의 목적은 자연
스러운 교제다. 예의 그 자체가 목적이 될 순 없다.

194

자연스러운 마음에서 자연스러운 모습이 나온다. 자연스러운 모습이 자연스러운 예의가 된다. 어떤 상황에서도 자연스러운 사람이 가장 예절 바른 사람이다. 상대방의 반응과 평가에 목매지 않는 예절이 가장 지극한 예절이다.

23

현동
함부로 이해하는 척하지 않기

아는 자는 말하지 않고, 말한 자는 알지 못한다.

그 구멍을 막고, 그 문을 닫으며, 그 날카로움을 꺾어,

그 구분을 해소하고,

그 빛을 누그러뜨려서 그 세속에 같아진다.

이를 일러 현동玄同이라고 한다.

—

지자불언(知者弗言) 언자불지(言者弗知)

색기태(塞其兌) 폐기문(閉其門) 좌기예(挫其銳) 해기분(解其分) 화기광(和其光) 동기진(同其塵)

시위현동(是謂玄同)

_『도덕경』

무릇 경험한 것은 알지만 경험하지 못한 것은 알지 못한다.

능력 안의 것은 할 수 있지만 능력 밖의 것은 할 수 없다.

그래서 알지 못하는 것이 있고 하지 못하는 것이 있음은

원래가 사람으로서는 면할 수 없는 일이다.

부지우이부지소불우(夫知遇而不知所不遇) 지능능이불능소불능(知能能而不能所不能)

무지무능자(無知無能者) 고인지소불면야(固人之所不免也)

『장자』「지북유(知北遊)」

◆ '알고 있다'라는 생각의 함정

"도(道)를 아십니까?"

길을 걷다 보면 종종 말을 걸어오는 분들이 있다. 나 역시 종종 이런 분들을 만난다. 보통은 신경 쓰지 않고 지나치지만, 때론 생각이 꼬리를 물고 이어진다.

'정말이지 도란 무엇일까?'

『장자』「지북유」에 이런 대목이 있다.

지(知)¹⁶가 현수(玄水)¹⁷ 물가에 놀러 갔다. 은분산(隱弅山)¹⁸에 올랐다.

---

16 사람의 지식이나 지혜를 의인화한 것으로 가상의 인명이다.

17 물 이름으로 보는 견해도 있고, 어두운 지방으로 보는 견해도 있다. 아래 문장의 백수(白水)와 대비된다.

18 은분은 가공의 지명이다. 현수와 비슷한 의미를 가진다. 깊고 멀어서 알기 어려움을 상징하며 현묘함을 암시한다. 은밀히 높은 것을 의미하기도 한다.

때마침 무위위(無爲謂)[19]를 만났다. 지는 무위위에게 도를 물었다. 세 번이나 물었으나 무위위는 대답하지 않았다. 대답을 알지 못했던 것이다.

지는 백수(白水) 남쪽으로 되돌아왔다. 호결산(狐闋山)[20]에 올랐다. 이번엔 광굴(狂屈)[21]을 만났다. 지는 광굴에게도 도를 물었다. 광굴이 답했다.

"내가 그것을 알고는 있다. 그러나 이야기하자니 어렵다. 말을 하려다가도 자꾸만 하려던 말을 잊게 된다."

지는 물음의 답을 얻지 못했다. 황제(皇帝)의 궁전으로 되돌아왔다. 황제를 뵙고 여쭸다. 황제가 말했다.

"생각하지 말아야 한다. 고민하지 말아야 한다. 그래야 도를 알게 된다. 일정한 한계가 없어야 한다. 마지못해 하는 일이 없어야 한다. 그래야 도에 편안하게 된다. 좇는 것이 없어야 한다. 인도하는 것이 없어야 한다. 그래야 도를 터득하게 된다."

지가 황제에게 말했다.

"임금님과 저는 도를 알게 됐습니다. 하지만 무위위와 광굴은 여전히 알지 못합니다. 우리 중 누가 옳은 것일까요?"

황제가 답했다.

"무위위는 제대로 아는 자고, 광굴은 비슷하게 아는 자다. 나와 그대는

---

19 아무런 말도 행위도 없음을 의인화한 것으로 역시 가상의 인명이다. 도에 통함을 상징한다.
20 언덕의 이름이다.
21 자유분방함과 무심함으로 지극한 도를 터득한 가상의 인물이다.

도에 가까이 갈 수 없는 자다. 무위위가 제대로 아는 것은 알지 못하기 때문이다. 광굴이 비슷하게 아는 것은 잊어버렸기 때문이다. 나와 그대가 가까이 갈 수 없는 것은 알기 때문이다. 아는 사람은 말하지 않는다. 말하는 사람은 알지 못한다. 도를 추구하려는 사람은 날마다 덜어내야 한다."

죽은 사람을 보는 소년이 있었다. 소년은 친구에게 자신의 비밀을 털어놨다. 친구는 소년의 비밀을 알게 됐지만 이해할 순 없었다. 친구에겐 소년과 같은 경험이 없었기 때문이다. 소년은 왜 죽은 사람이 보인단 것을 비밀로 간직했을까. 자신의 경험을 다른 사람에게 이해시킬 수 없었기 때문이다. 다른 사람에게 설명할 수 없었기 때문이다. 하지만 소년은 죽은 사람에 대해 누구보다 잘 알았다.

무위위는 지의 질문에 대답할 수 없었다. 이해시킬 수 없었기 때문이다. 광굴도 지의 질문에 대답할 수 없었다. 설명할 수 없었기 때문이다. 황제는 지의 질문에 대답했다. 하지만 도에 가까이 갈 수 없다고 했다. '알고 있다'라는 생각 때문이다. '알게 됐다'라는 생각 때문이다.

◆ 함부로 공감하는 척하지 않는다

『장자』「지북유」에는 이런 대목도 있다.

있는 그대로 받아들이는 사람은 한계가 없다.

경계를 긋는 사람은 한계를 설정한다.

경계가 없음은 한계의 상대성을 받아들이는 것이다.

경계를 그음은 한계의 상대성을 받아들이지 않는 것이다.

경험은 사건을 겪음으로 생겨난다. 그런데 똑같은 사건을 겪더라도 저마다 경험은 다르다. 예를 들어 두 사람이 탄 배가 뒤집혔다. 한 사람은 물에서 나오자마자 '죽을 뻔하고 보니 물도 별거 아니네' 하며 가던 길을 재촉했다. 그러나 다른 사람은 주저앉아 벌벌 떨며 두려움에 시달렸다. 그는 앞으론 물가 근처에도 가지 않겠다 다짐했다.

두 사람 중 누구의 반응이 맞고 틀렸는가는 규명할 수 없다. 사건은 하나지만 경험은 저마다 다르기 때문이다. 철학에서는 이를 '경험의 상대성'이라고 한다. 생각이나 입장은 사건이 아닌 경험을 통해 생겨난다. 그리고 입장은 한 사람의 한계를 뜻한다. 결국 사람의 한계는 경험에서 생겨난다.

『장자』「지북유」의 말이 이어진다.

무릇 경험한 것은 알지만 경험하지 못한 것은 알지 못한다.

능력 안의 것은 할 수 있지만 능력 밖의 것은 할 수 없다.

그래서 알지 못하는 것이 있고 하지 못하는 것이 있음은

원래가 사람으로서는 면할 수 없는 일이다.

그러니 사람으로서 면할 수 없는 일을 면하고자 애씀은
어찌 또한 슬픈 일이 아니겠는가?
박학다식한 사람이 도를 아는 건 아니고,
말 잘하는 사람이 도를 말하는 건 아니다.
도를 터득한 성인(聖人)은 지식과 이론을 끊어버린다.
이론을 폄이 침묵을 지킴만 못하다.
도에 이른 사람은 도를 말하지 않고,
도가 분명히 보이는 사람은 도를 만나지 못한다.
도란 들어서 알 수 있는 것이 아니다.
도에 대해 들음이 귀를 막고 듣지 않음만 못하다.

**'이미 알고 있다', '장차 알아낼 것이다'는 자신을 한계짓는 대표적인 생각
이다.** 도란 무엇일까. 하나의 거대한 시스템이다. 이 시스템에는 모든
존재의 모든 경험이 축적돼 있다.
『장자』「지북유」의 말이 계속된다.

도란 들을 수 없는 것이다. 들리는 것은 도가 아니다.
도란 볼 수 없는 것이다. 보이는 것은 도가 아니다.
도란 말로 표현할 수 없는 것이다. 말로 표현된 것은 도가 아니다.
도를 대답하는 사람은 도를 알지 못한다. 도를 질문하는 사람은 도를 듣
지 못한다. 도란 물을 수 없는 것이다. 물더라도 대답할 수 없는 것이다.

물을 수 없는 것을 묻는다. 헛된 질문이다. 대답할 수 없는 것을 대답한다. 진실하지 못한 마음이다.

진실한 마음 없이 헛된 질문에 문답하는 사람이 있다. 이런 사람은 밖으로 우주의 현상을 알지 못한다. 안으로 태초의 이치를 알지 못한다.

인생은 날랜 말이 좁은 틈새를 지나가는 듯하다. 그만큼 찰나이고, 그만큼 제한적이다. 경험의 한계란 명확하다. 상대방의 경험을 온전히 보고, 듣고, 이해할 수 있다는 생각은 착각이다. 내 경험을 보여주고, 들려주고, 이해시킬 수 있다는 생각은 교만이다. **잘 공감하는 일보다 중요한 게 있다. 함부로 공감하는 척하지 않는 것이다.** 공감받지 못하는 건 괴롭다. 공감받으리란 기대가 무너지는 건 더 괴롭다.

◆ 경험과 생각을 덜어버리는 연습

『도덕경』에는 이런 대목이 있다.

아는 자는 말하지 않고, 말한 자는 알지 못한다.
그 구멍을 막고, 그 문을 닫으며, 그 날카로움을 꺾어,
그 구분을 해소하고, 그 빛을 누그러뜨려서 그 세속에 같아진다.
이를 일러 현동이라고 한다.

"살다 보면 다투는 날이 있겠지. 다툴 조짐이 보이면 잠시 이야기를 멈추자. 각자 속으로 열 번씩 되뇌자. 아, 그럴 수도 있겠다. 이렇게."

신혼 때 아내와 이렇게 약속했다. 부부는 눈과 날개가 하나씩인 비익조다. 뿌리는 달라도 가지는 하나인 연리지다. 함께가 아니면 완전할 수 없다. 눈과 날개가 하나씩임은 서로의 경험이 불완전함을 뜻한다. 뿌리가 다름은 서로의 경험이 다름을 뜻한다. 부부라도 그렇다. 서로의 경험을 온전히 이해할 수 없다. 누구의 경험이 옳고 그른지, 좋고 나쁜지 따지는 부부가 있다면 비익조가 하나뿐인 눈을 감는 것과 같다. 스스로 날개를 꺾어버리는 것과 같다.

갈등 해소의 길은 수용에 있다. 수용이란 무엇일까. 경험의 상대성을 받아들이는 것이다. 경험의 상대성을 아는 사람은 주장하지 않는다. 주장하는 사람은 경험의 상대성을 모른다. **경험의 상대성을 받아들이려면 나의 경험을 덜어내야 한다. 그로부터 비롯된 생각을 덜어내야 한다.**

나만의 경험과 생각은 자주 삐져나온다. 그 구멍을 막고 문을 닫지 않으면 나의 모남은 깎이지 않는다. 세상의 차별은 해소되지 않는다. 이때 나만의 경험과 생각을 누그러뜨리는 사람은 현동의 세계에 노니는 사람이다. 현동은 '경험의 상대성이 차별 없이 존중받음'을 뜻한다. 자신을 이해하기에도 벅찬 게 사람이다. **이해되지 않는 무언가가 있다면, 이해할 수 없는 누군가가 있다면 그럴 땐 이해를 멈춰야 한다.** 생각을 덜어내고 마음을 비워야 한다. '어떻게 저럴 수 있지' 하는 마음을 '그럴 수도 있겠다'로 바꾸어야 한다. 그때가 차별이 사라지는 순간이다.

제 3 부

채우기

눈치 보지 않는 당당한 인생으로

《 24 》

무위와 무명
오만과 편견의 껍데기를 벗어내며

도道는 늘 무위無爲하지만 이루어지지 않음이 없다.

통치자가 만일 이러한 이치를 지킬 수 있다면

만물은 저절로 교화될 것이다.

교화하려는 의욕이 일어날 때

나는 무명無名의 순박함으로 그것을 억누를 것이다.

무명의 순박함에서는 또한 욕망도 없다.

욕망하지 않은 채 고요하게 있으면

이 세상은 저절로 안정될 것이다.

—

도상무위이무불위(道常無爲而無不爲)

후왕약능수지(侯王若能守之) 만물장자화(萬物將自化)

화이욕작(化而欲作) 오장진지이무명지박(吾將鎭之以無名之樸)

무명지박(無名之樸) 부역장무욕(夫亦將無欲) 불욕이정(不欲以靜) 천하장자정(天下將自定)

_『도덕경』

무기 가운데는 사람의 마음보다 더 참혹한 것이 없으니
막야鎭鄒 같은 명검도 거기에 비하면 무디다고 할 수 있다.

─

병막참어지(兵莫憯於志) 막야위하(鎭鄒爲下)

_『장자』「경상초(庚桑楚)」

◆ 객관이라는 정신적 트라우마에 시달리는 사람들

트라우마에 시달리는 사람이 많다. 트라우마는 신체적 긴장이자 정
신적 부담이다. 정신적 트라우마는 특히 심각하다. 예컨대 비행기 사
고를 당한 사람이 있다고 치자. 그는 사고 이후 '비행기는 안전할 것
이다'라는 믿음을 잃었다. 다친 몸은 곧 회복했지만, 한 번 무너진 믿
음은 다시 돌아오지 않았다. 사람은 신념이 흔들릴 때 정신적 손상을
입는다. 신념(信念)은 믿게 된[信] 생각[念]이다. 신념과 생각은 떼려
야 뗄 수 없다. 믿음의 본모습은 생각이다. 생각의 결과물이 믿음이다.
『장자』「경상초」에는 이런 대목이 있다.

남영추(南榮趎)[22]가 스승의 권유로 노자를 뵈었다. 남영추가 물었다.

---

22   노자의 제자였던 경상초의 제자. 성이 남영(南榮)이고 이름은 추(趎)다.

"제가 지혜롭지 못하면 사람들이 무시할 것입니다. 제가 지혜로우면 스스로를 괴롭힐 것입니다. 제가 어질지 못하면 사람들을 해칠 것입니다. 제가 어질면 스스로를 괴롭힐 것입니다. 제가 의롭지 못하면 사람들을 망칠 것입니다. 제가 의로우면 스스로를 괴롭힐 것입니다. 저는 어떻게 해야 이런 어려움에서 벗어나겠습니까?"

노자가 답했다.

"자네 미간을 보니 문제를 알겠다. 자네 말을 들으니 문제를 알겠다. 자네는 골똘히 생각한다. 허둥지둥 정신없다. 부모를 여읜 듯하다. 막대기로 바다의 깊이를 재려는 듯하다. 자네는 본성을 잃어버렸다. 본성으로 되돌아가고 싶어한다. 하지만 어떻게 해야 좋을지 모른다. 가련한 일이다. 바깥의 일에 얽매인 사람은 마음이 번거롭다. 이 번거로움을 자제할 수 없어 마음을 안에서 닫아건다. 안의 일에 얽매인 사람은 마음이 뒤엉킨다. 이 뒤엉킴을 자제할 수 없어 마음을 밖에서 닫아건다."

믿음과 생각의 공통점은 상대적이며 주관적이라는 것이다. 그래서 불완전하다는 것이다. 내가 지혜롭다고 믿는 것을 누군가는 어리석게 생각할 수 있다. 내가 어질다고 믿는 것을 누군가는 나쁘게 생각할 수 있다. 내가 의롭다고 믿는 것을 누군가는 부당하게 생각할 수 있다. 입장과 관점과 기준이 다르기 때문이다.

삶은 객관적일 수 없다. 산수에서 1+1은 2가 되고, 미술에서 1+1은 창문(田)이 되고, 문자학에서 1+1은 책(冊)이 된다. 똑같은 사람은 아무도 없고, 똑같은 생각과 믿음은 어디에도 없다.

우린 객관적일 수 없는 세상을 살아간다. 그런데 객관적이려고 한다. 그래서 방금 부모를 여읜 듯 허둥지둥한다. **절대적인 생각과 믿음도 없다. 그런데 절대적인 진리를 찾으려 한다.** 그래서 막대기로 바다의 깊이를 재려 할 때 느끼는 답답함과 좌절감에 사로잡힌다.

◆ 오만과 편견에서 벗어나기

나만의 믿음과 생각은 상대적이며 주관적이다. 그러나 우리는 이를 절대적이며 객관적인 것으로 착각한다. 나만의 잣대로 다른 사람을 저울질하고, 내 입장에서 세상을 판단한다. 그러다 보면 슬그머니 고개를 드는 두 가지가 있다. 오만과 편견이다. 오만은 '불완전한 내 믿음과 생각을 옳다고 여김'이다. 편견은 '치우친 생각이고 선입관'이다. 그렇다면 선입관이란 무엇일까. '경험 이전에 들어와 있는 생각'이다. 선입관은 가능성을 미리 부정하기에 무서운 것이다.

노자는 남영추를 가련히 여긴다. 남영추는 절대적이고 객관적인 지혜로움, 어짊, 의로움이 있다고 믿는다. 이는 남영추의 오만이다. 또 남영추는 지혜로워야 남에게 무시받지 않는다고 생각한다. 어질어야 남을 해치지 않고, 의로워야 남을 망치지 않는다고 생각한다. 이는 남영추의 편견과 선입관이다. 사람이라면 마땅히 지혜롭고 어질고 의로워야 한다는 믿음과 생각이 남영추의 마음을 옭아맨 것이다.

외부의 경험이 마음을 왜곡하는 게 편견이고, 내면의 해석이 마음을 왜곡하는 게 오만이다. 편견은 내가 다른 이에게 다가갈 수 없게 하고, 오만은 다른 이가 내게 다가올 수 없게 한다. 오만과 편견은 조화를 방해한다.

노자의 말이 이어진다.

삶을 지키는 길이 있다. 오직 도 하나를 지니는 것이다. 자기 본성을 잃지 않는 것이다. 점치지 않고도 길흉을 알 수 있어야 한다. 점치지 않고도 멈출 수 있어야 하고 그만둘 수 있어야 한다. 남이 아니라 나로부터 찾을 수 있어야 한다. 홀가분하게 떠날 수 있어야 한다. 무심히 돌아올 수 있어야 한다. 아이처럼 행동할 수 있어야 한다. 아이는 종일 울어도 목이 쉬지 않는다. 자연스러운 일이기 때문이다. 종일 주먹을 쥐어도 손이 저리지 않는다. 자연스러운 일이기 때문이다. 종일 봐도 눈을 깜빡거리지 않는다. 오만과 편견이 없기 때문이다. 길을 가도 어디로 가는지 알지 못한다. 앉아있어도 무얼 할지 알지 못한다. 외부의 경험과 자연스레 어울린다. 흘러가는 대로 살아간다.

어떤 게 도의 상태일까? 아무런 편견도 오만도 없는 상태다. 어떤 모습이 사람의 참된 본성일까? 아무런 편견도 오만도 없는 모습이다.

오만과 편견에서 자유로운 사람은 점을 치지 않는다. 내 미래를 다른 사람에게 묻지 않는다. 무한한 변화의 가능성을 긍정하기 때문이다. 이런 사람은 일이 생겨도 남을 탓하지 않고 나에게서 문제 해결의 실마리를 발견한다. 어떤 관계든 무심히 맺고 홀가분하게 끊는다.

어린아이에겐 '세상에 이런 일이?'가 없다. 깜짝 놀라거나 크게 눈을 깜빡일 일이 적다. 오만과 편견에서 자유롭기 때문이다. 어린아이는 무엇이 옳은지 분간하지 않는다. 자신만의 불완전한 기준이 없기 때문이다. 마음이 어린아이 같아야 외부의 경험을 수용할 수 있다. 내면의 해석에서 본성을 지킬 수 있다. **세상과 자연스레 어울리는 길, 그 길의 핵심은 오만과 편견을 비움이다.**

"어째서 함께 온 사람이 그리 많은가?"

남영추를 본 노자는 첫마디에 이렇게 말했다. 무슨 의미일까? 왜 그토록 많은 오만과 편견을 짊어지고 왔느냐는 뜻일 것이다.

『장자』「경상초」는 말한다.

알 수 없는 경지에 처신한다면, 그것이 지극한 앎이다.

내가 제대로 알 수 없는 이유는 내 오만과 편견 때문이다. 이를 인정하는 게 지극한 앎의 시작이다. 또 이런 대목도 있다.

무기 가운데는 사람의 마음보다 더 참혹한 것이 없으니
막야 같은 명검도 거기에 비하면 무디다고 할 수 있다.

말 그대로 사람의 믿음과 생각만큼 예리한 무기는 없다. 오만과 편견만큼 참혹한 무기는 없다.

◆ 무명으로 무위하는 고요한 세상

『도덕경』에는 이런 대목이 있다.

> 도는 늘 무위하지만 이루어지지 않음이 없다.
> 통치자가 만일 이러한 이치를 지킬 수 있다면 만물은 저절로 교화될 것이다. 교화하려는 의욕이 일어날 때 나는 무명의 순박함으로 그것을 억누를 것이다.
> 무명의 순박함에서는 또한 욕망도 없다.
> 욕망하지 않은 채 고요하게 있으면 이 세상은 저절로 안정될 것이다.

무위(無爲)란 '오만과 편견이 없는 행위'다. 무위로 다스리면 교화는 저절로 일어난다. 반면 억지로 교화시키려 하면 반발이 저절로 일어난다. 무명(無名)은 '이름 붙이기 이전의 상태'다. 오만과 편견이 없으면 이름도 없다. 이름이 생기면 오만과 편견도 생긴다. 정말 안정된 세상은 오만과 편견의 속박 없이 무명으로 무위하는 고요한 세상이다.

신념이 깨지는 것만큼 괴롭고 불안한 일도 드물다. 그러나 신념은 편견이고 오만일 수 있다. 이런 오만과 편견이 사라지면 길흉의 가능성이 사방으로 열린다. 내 삶이 늘 길하리란 신념은 오만이고, 늘 흉하리란 신념은 편견이다. 삶은 때에 따라 길할 수도 흉할 수도 있다. 이를 있는 그대로 받아들이는 게 무위다.

가장 심각한 트라우마는 오만과 편견의 트라우마다. 하지만 다행히도 본성을 회복함으로써 충분히 치유할 수 있다. 그리하여 무명과 무위로 꿈꾸는 미래는 겸손하고 아름답다. 오만과 편견으로 문제투성이의 인생을 살 것인가. 무위와 무명으로 안정된 인생을 살 것인가. 이제 선택은 우리 손에 달려있다.

25

상통과 공감
입은 다물고 귀는 기울인다

마음에 덕德을 두텁게 품고 있는 사람은 갓난애와 같다.

종일 울어도 목이 쉬지 않는 것은

조화가 지극한 상태로 유지되기 때문이다.

조화가 바로 늘 그러한 본성이고,

늘 그러한 본성을 아는 것이 명철함이다.

만물은 기세등등하면 바로 늙는데,

그것은 도道를 따르는 모습이 아니기 때문이다.

도를 따르지 않으면 일찍 끝나버린다.

—

함덕지후(含德之厚) 비어적자(比於赤子)

종일호이불사(終日號而不嗄) 화지지야(和之至也)

지화왈상(知和曰常) 지상왈명(知常曰明)

물장즉로(物壯則老) 위지부도(謂之不道) 부도조이(不道早已)

_『도덕경』

개가 잘 짖는다고 좋은 개가 되는 것은 아니듯,

사람도 말을 잘한다고 현명한 사람이 되는 것은 아니다.

하물며 위대함이야 말과 상관이 있겠는가?

—

구불이선폐위량(狗不以善吠爲良) 인불이선언위현(人不以善言爲賢)

이황위대호(而況爲大乎)

_『장자』「서무귀(徐无鬼)」

◆ 위대한 공감은 침묵과 경청으로부터

상담받으러 온 사람이 말했다.

"선생님 괜찮아요. 한 마디 한 마디 너무 격하게 반응해 주실 필요 없어요. 오히려 보는 제가 불편해요."

상담자는 망치로 뒤통수를 얻어맞은 것 같았다. 그리고 생각했다. '애써 하는 위로는 위로가 아니다.'

그날부터 상담자는 다독이지 않았다. 조용히 함께 눈물을 음미했다. 그 뒤 상담자는 이렇게 말했다.

"상담이란 좋은 말을 해주는 게 아니다. 어떤 말이든 귀담아 들어주는 것이다. 변화를 촉구하는 게 아니다. 묵묵히 믿고 기다려주는 것이다. 위대한 공감은 침묵과 경청에 있다."

『장자』「서무귀」[23]에는 이런 대목이 있다.

여상(女商)은 위(魏)나라의 장관이었다. 위나라 무후(武侯)[24]에게 매일 같이 선현들의 지혜를 들려줬다. 무후는 여상의 이야기에 이를 드러내고 웃은 적이 없었다. 서무귀가 무후를 만났다. 무후는 서무귀의 이야기에 크게 기뻐했다. 여러 번 활짝 웃었다. 여상이 서무귀에게 물었다.

"나는 위대한 책의 훌륭한 이야기를 온종일 임금께 들려드렸소. 하지만 임금께선 내 말에 한 번도 웃은 적이 없소. 지금 선생께선 임금께 무슨 말씀을 들려드렸소? 어떻게 그토록 기뻐하게 만드셨소?"

서무귀가 답했다.

"당신은 유배된 죄인 이야기를 모릅니까? 귀양살이하는 사람은 그렇소. 며칠이 지나면 잘 알던 사람을 보기만 해도 기뻐하오. 한 달이 지나면 잠깐 알던 사람을 보기만 해도 기뻐하오. 일 년이 지나면 알던 사람과 비슷하게 생긴 사람을 보기만 해도 기뻐하오. 그리움이 늘어날수록 생각이 깊어지기 때문이오.

어떤 사람이 텅 빈 산골짜기로 도망쳤소. 그곳엔 인적이 없었소. 무성한 잡초가 족제비나 다닐 법한 좁은 길을 막고 있었소. 그런 곳에 오랫동안 외로이 있었소. 그러다 보니 어쩌다 사람 발걸음 소리만 들려도 기뻐하

---

23   서무귀(徐无鬼) 또는 서무귀(徐無鬼)로 쓰기도 한다. 위나라의 은자로 덕이 지극했다.

24   위나라의 제후. 위나라 문후(文侯)의 아들이자 혜왕(惠王)의 아버지다.

게 됐소. 만일 형제나 친척이 웃고 이야기하는 소리가 들려온다면 그의
마음이 오죽하겠소? 임금 곁엔 참된 말로 웃고 이야기하는 소리가 오래
도록 없었던 것이오."

인생은 귀양살이라고 말하는 사람이 많다. 귀양살이와 인생의 공통
점은 무엇인가. 사람을 외롭고 나약한 상태로 몰아넣는다는 것이다.
오늘날 고독사가 유행이다. 고독사는 소외의 극치다. 많은 현대인이
현실에서 소외되고 있다. 장자식으로 풀자면 소외란 그렇다. 무성히
자라난 잡초가 족제비나 다닐 법한 좁은 길마저 막아버린 곳. 그래서
인적이 없는 곳. 그런 곳에서 느끼는 외로움이다.

◆ 참된 소통은 자신을 내세우지 않는다

세계가 하나로 연결된 기술 문명의 시대다. SNS를 보면 소통이 정
말 활발하게 일어나고 있음을 알 수 있다. 하지만 이는 착각이다. 소
통의 기본 전제는 침묵과 경청인데, 다들 자기 할 말만 죽어라 하기
때문이다. 침묵과 경청이 결여된 소통은 서로 통하는 상통(相通)이 될
수 없다.

침묵이란 무엇일까. 드러나지 않는 표현이다. 경청이란 무엇일까.
마음을 기울여 들음이다. 공감이란 무엇일까. 참된 대화로 가능한 감

정의 교류다. SNS엔 침묵과 경청이 없고 공감도 없다. 하트나 엄지척
은 공감이 아니다. 상징 기호에 불과하다.

남들에게 공감하지 못하거나 공감받지 못한다. 세상과 소통하는 느
낌이 없다. 이는 소외의 전조 현상이다. 이런 현상이 길어질수록 사람
들은 진실한 소통과 공감에 대한 갈증이 깊어진다. 여상은 그랬다. 위
대한 선현의 훌륭한 말씀을 매일 무후에게 들려줬다. 하지만 무후는
진실로 기뻐할 수 없었다. 여상의 이야기는 무후의 소외를 해소함에
도움이 되지 않았다.

이에 서무귀는 말했다. 자신의 능력이 출중하거나 언변이 뛰어나서
무후가 웃었던 게 아니라고. 무후는 귀양살이하는 사람처럼 텅 빈 골
짜기로 도망친 사람처럼 소외의 동굴에 갇혀 지냈고, 그의 말을 경청
하고 진실로 공감해 주는 사람을 만나자 기뻐한 것뿐이라고. 상통에
기뻐했을 뿐이라고.

『장자』「서무귀」에는 이런 대목도 있다.

> 개가 잘 짖는다고 좋은 개가 되는 것은 아니듯,
> 사람도 말을 잘한다고 현명한 사람이 되는 것은 아니다.
> 하물며 위대함이야 말과 상관이 있겠는가?
> 스스로 위대하다고 하는 것은 정말로 위대할 수 없는 것이니,
> 하물며 스스로 내세우는 것이야 어찌 덕이 될 수 있겠는가?

침묵과 경청과 공감을 방해하는 게 있다. 나를 내세우고 싶은 마음이다. 그러나 잘 짖는 개가 좋은 개는 아니듯 내세운 내가 진짜 나는 아니다. 자신을 낮추는 좋은 방법이 있다. 바로 '나'를 빼는 것이다. '나의 어떠어떠함'을 내세우지 않는 것이다.

『장자』「서무귀」의 말이 이어진다.

> 바람은 강물을 말린다. 햇빛도 강물을 말린다.
> 그럼에도 강물은 원망이 없다. 빼앗긴다고 여기지 않기 때문이다.
> 발이 땅을 직접 밟는 부분은 좁다.
> 하지만 사람들은 안심하고 걸어 다닌다.
> 직접 밟는 지면은 좁지만 밟지 않는 지면이 넓음을 알기 때문이다.

내가 표현할 기회를 빼앗긴다는 생각은 침묵과 경청에 대한 오해다. 이렇게 생각하면 자신을 내세우지 않기가 어렵다. 그러나 생각해 보면 그렇다. **우리 모두는 누군가의 침묵과 경청으로 지금껏 살아왔다.** 이를 내가 누군가의 표현할 기회를 뺐었다고 생각한다면 정말 슬픈 일이다. 조화를 아는 사람은 그렇다. 내가 드러나지 못하더라도 다른 이를 원망하지 않는다. 다른 사람이 드러나지 못하더라도 나를 탓하지 않는다.

사람의 발이 직접 밟는 지면은 좁다. 그래서 사람이 표현할 수 있는 느낌은 제한적이고, 공감할 수 있는 느낌은 한정적이다. 다만 이를 모르는 사람이 많다. 그리하여 여전히 많은 사람이 입으로 손으로 자신의 느낌을 표출한다. 그 이유는 '나를 깊이 공감해 줄 누군가 있을 것이다'라는 믿음을 가지고 있기 때문이다. 이런 믿음은 다소 일방적이지만, 때론 세상을 지탱하는 힘이 되기도 한다. 스스로 이러한 믿음을 굳게 지니고, 상대방이 이러한 믿음을 포기하지 않도록 돕는 건 매사 진실되게 공감하려는 사람의 특징이다.

공감하는 사람은 밟지 않는 지면이 넓음을 믿는 사람과 같다. 그래서 잘 살아간다. 공감하지 못하는 사람은 밟는 지면만이 전부라고 믿는 사람과 같다. 그래서 소외된다. 외로움과 나약함을 느끼게 된다.

◆ 인생이라는 귀양살이를 버텨내는 법

『도덕경』에는 이런 대목이 있다.

마음에 덕을 두텁게 품고 있는 사람은 갓난애와 같다. 종일 울어도 목이 쉬지 않는 것은 조화가 지극한 상태로 유지되기 때문이다. 조화가 바로 늘 그러한 본성이고, 늘 그러한 본성을 아는 것이 명철함이다. 만물은 기세등등하면 바로 늙는데, 그것은 도를 따르는 모습이 아니기 때문이다. 도를 따르지 않으면 일찍 끝나버린다.

최근 자연 속에서의 힐링이 인기를 끌고 있다. 그런데 자연은 사람의 방식으로 소통하고 공감하지 않는다. 오히려 참된 방식, 자연스러운 방식으로 소통하고 공감한다. 그렇다면 참되고 자연스러운 소통 방식이란 무엇인가. 갓난아기가 유창하게 의견을 개진하는 경우는 없다. 다른 사람의 말과 행동에 능숙하게 공감하는 경우도 없다. 갓난아기는 침묵으로 일관한다. 마음을 기울여 알아들으려 한다. 눈을 동그랗게 뜨고 상대방의 느낌과 하나가 되려고 한다. 이는 사람 본연의 모습이다. 자연스러운 소통과 공감은 아무리 지속해도 식상하지 않다. 조화를 이루려는 마음이 깃들어 있기 때문이다.

끊임없이 자신을 낮추는 게 도의 마음이다. 세상 만물이 다 그렇다. 도에서 벗어나면 허약해지고, 자신을 내세우기 시작하면 쇠약해진다. 도의 마음을 간직하면 소외를 극복하고, 도의 마음에서 벗어나면 소외를 앞당긴다.

침묵과 경청에서 상통이 나온다. 상통이 진실한 공감을 가능케 한다. 진실한 공감에서 조화의 꽃이 핀다. 인생은 귀양살이일지 모른다. 그러나 상통과 공감이 있는 귀양살이는 버틸 만하다. 그리고 아마도 소외된 귀양살이는 죽을 맛일 것이다.

26

각양각색
평범함이 가장 특별하다

다섯 가지로 구분된 색깔은 사람의 눈을 멀게 하고,
다섯 가지로 구분된 소리는 사람의 귀를 먹게 하며,
다섯 가지로 구분된 맛은 사람의 입맛을 잃게 한다.
말을 달리며 즐기는 사냥이 사람의 마음을 발광하게 하고,
얻기 어려운 재화가 사람의 행실을 어지럽힌다.
이러한 까닭에 성인聖人은 배를 위할망정 눈을 위하지 않는다.
그러므로 저것을 버리고 이것을 취한다.

—

오색령인목맹(五色令人目盲) 오음령인이농(五音令人耳聾) 오미령인구상(五味令人口爽)

치빙전렵(馳騁田獵) 령인심발광(令人心發狂)

난득지화(難得之貨) 령인행방(令人行妨)

시이성인위복불위목(是以聖人爲腹不爲目) 고거피취차(故去彼取此)

_『도덕경』

나면서부터 아름다운 사람도 다른 이가 그에게 거울을 주어야

비로소 자기가 아름답다는 것을 알게 될 뿐,

다른 이가 알려주지 않으면

자기가 남보다 아름답다는 것조차 알지 못한다.

—

생이미자(生而美者) 인여지감(人與之鑑)

불고즉부지기미어인야(不告則不知其美於人也)

_『장자』「칙양(則陽)」

◆ 우주의 관점에서 보면 우리는

특별(特別)하다는 말은 보통 칭찬으로 쓰인다. 특별은 '홀로 다르다' 또는 '혼자 따로 떨어졌다'라는 뜻이다. 곰곰이 생각해 보면 이 말은 칭찬이 아닌 것처럼 느껴지기도 한다. 나홀로 독생(獨生)이 아닌 서로 상생(相生)은 생명체의 숙명이다. 저게 있어야 이게 있고, 이게 있어야 저게 있다는 '존재의 상대성'은 우리가 사회적 존재로 태어났음을 상기시켜 준다.

『장자』「칙양」에는 이런 대목이 있다.

나면서부터 아름다운 사람도 다른 이가 그에게 거울을 주어야 비로소
자기가 아름답다는 것을 알게 될 뿐, 다른 이가 알려주지 않으면 자기가

남보다 아름답다는 것조차 알지 못한다.

… (중략) …

성인은 다른 이들을 사랑하기 때문에 사람들이 그에게 성인이라는 이름을 붙여준 것이다. 그러나 다른 이가 알려주지 않으면 그 자신이 남들을 사랑하고 있다는 것조차 알지 못한다.

상대적이란 말은 '서로의 거울'이라는 뜻이다. 우리는 다른 것에 자신을 비춰본 다음에야 자신을 안다. 작은 벌레를 본 다음에야 사람이 큼을 알고, 가난한 사람을 본 다음에야 내가 살 만함을 안다. 이런 상대성에는 앞에 생략된 말이 있다. 바로 '무엇에 비해서'다. 특별함도 마찬가지다.

세상에 완전한 거울은 없다. 거울은 보는 관점에 따라 다른 모습을 비춘다. 상반된 모습을 비추기도 한다. 이처럼 '존재의 상대성'이란 '관점의 상대성'이다. 내가 보는 관점에 따라 존재의 성질이 바뀐다. 내 눈에 아름다운 사람이 누군가에게는 추할 수 있다. 다른 사람을 조건 없이 아끼고 사랑하는 성인이 도적의 관점에선 쓸모없이 보일 수도 있다.

『장자』 「칙양」에는 이런 대목도 있다.

위(魏)나라 혜왕(惠王)이 제(齊)나라 위왕(威王)과 맹약을 맺었다. 그런데 제위왕이 맹약을 배반하자 위혜왕은 화가 났다. 사람을 시켜 제위왕을 찔러 죽이려 했다. 위나라의 서수(犀首)[25]가 그 이야기를 듣고 부끄럽게 여기며 위혜왕에게 말했다.

"임금께선 만승(萬乘)[26]의 군주이십니다. 그런데 고작 한 사내를 시켜 원수를 갚으려 하십니다. 제게 군사를 내려주십시오. 임금님을 위해 제나라를 공격하겠습니다. 나라를 통째로 빼앗아 오겠습니다."

이 말을 위나라의 계자(季子)가 들었다. 계자는 서수의 말을 부끄럽게 여겼다. 계자가 위혜왕에게 말했다.

"애써 쌓은 성을 허물어 버린다면 백성들만 고생하는 꼴이 됩니다. 전쟁이 멈춘 지 일곱 해입니다. 좋은 민심이 임금님의 기반이 되고 있습니다. 서수는 혼란을 일으키는 사람입니다. 그의 말을 따라선 안 됩니다."

이 말을 위나라의 화자(華子)가 들었다. 화자는 계자의 말을 부끄럽게 여겼다. 화자가 위혜왕에게 말했다.

"그럴싸한 말로 제나라를 정벌하자는 서수는 혼란을 일삼는 사람입니다. 그럴싸한 말로 제나라를 정벌하지 말자는 계자도 혼란을 일삼는 사람입니다. 그럴싸한 말로 서수와 계자를 비판하는 저 역시 혼란을 일삼는 사람입니다."

화자의 말을 들은 위혜왕은 혼란스러웠다. 위나라의 혜자(惠子)가 위혜왕에게 대진인(戴晉人)을 소개했다. 위혜왕을 만난 대진인이 말했다.

---

25 위나라 벼슬의 이름이다. 전국시대 설객(說客)이었던 공손연(公孫衍)이 이 벼슬을 지냈다.
26 만 대의 병거(兵車)라는 뜻이다. 천자(天子)의 자리를 상징한다.

"임금께선 달팽이를 아십니까? 달팽이의 왼쪽 뿔에 한 나라가 있었습니다. 이를 촉씨(觸氏)라 불렀습니다. 달팽이의 오른쪽 뿔에 한 나라가 있었습니다. 이를 만씨(蠻氏)라 불렀습니다. 이 두 나라가 전쟁을 벌였습니다. 죽어 넘어진 시체가 수만이었습니다. 도망치는 적을 서로 추격해 보름 만에야 되돌아왔습니다."

위혜왕이 말했다.

"농담이지요?"

대진인이 말했다.

"임금께서 사실로 여기시길 바라겠습니다. 임금께선 사방천지에 한계가 있다고 생각하십니까?"

위혜왕이 답했다.

"한계가 없소."

대진인이 말했다.

"마음을 한계가 없는 경지[無窮]에 노닐게 해보십시오. 그리고 이 세상 나라들을 떠올려 보십시오. 그것들이 있는지 없는지 아시겠습니까?"

위혜왕이 답했다.

"잘 모르겠소."

대진인이 말했다.

"드넓은 천지 간에 위나라가 있습니다. 위나라 속에 양나라가 있습니다. 양나라 속에 임금님이 있습니다. 임금께서는 정말 스스로를 달팽이 뿔과 다르다고 생각하십니까?"

위혜왕이 답했다.

"다를 것이 없소."

동양에서 천지란 우주다. 우주의 입장에서 보면 지구는 달팽이 뿔
보다 미미할지 모른다. 우주의 관점이 도(道)의 관점이다.

◆ 평범함이 가장 특별하다는 사실

『장자』「칙양」의 말이 이어진다.

> 도란 있다고도 할 수가 없다. 없다고도 할 수가 있다.
> 도라는 이름은 무엇인가. 가정적으로 그렇게 불리고 있을 뿐이다.
> 도를 말로 표현할 수 있다면 어떨까.
> 온종일 말하면 형용할 수 있을 것이다.
> 도를 말로 표현할 수 없다면 어떨까.
> 온종일 말해도 형용할 수 없을 것이다.
> 도란 말이나 침묵으로 표현될 수 없다.
> 도에 이름이 붙으면 도에는 비교 대상이 생긴다.
> 도가 상대적이게 되고 만다.

도란 편의를 위해 개념화된 것이다. 말로 풀거나 감각으로 이해되는 게 아니다. 도에는 길이란 뜻이 담겨있다. 길은 어떠한가. 사람들이 다니면 자연스레 생겨난다. 사람들이 다니지 않으면 자연스레 사라진다. **세상에 특별한 길은 없다. 나만 아는 길은 길이 아니다. 아무도 모르는 길은 길이 아니다.**

내 길은 옳고 당신 길은 틀렸다며 다툰다. 내 길은 좋고 당신 길은 나쁘다며 다툰다. 달팽이의 양쪽 뿔이 서로 다투는 듯하다. 달팽이 뿔이 달팽이를 떠나 따로 있는 게 아님을 잊어버린 듯하다.

『장자』「칙양」의 말이 계속된다.

> 재앙과 축복은 유행하는 것이다. 누군가의 재앙이 누군가의 축복일 수 있다. 이쪽에서 바르다고 여겨지는 게 저쪽에서 그르다고 여겨질 수 있다. 크고 비옥한 땅에 다양한 동식물이 어우러져 사는 것과 같다. 큰 산에 나무와 바위가 어우러져 있는 것과 같다.

땅이 있어야 동식물도 자랄 수 있다. 산이 있어야 나무도 바위도 자리 잡을 수 있다. 달팽이가 있어야 양쪽 뿔이 다투든 화해하든 할 수 있다.

모두가 특별하면 세상은 유지될 수 없다. 산을 산이게끔 하는 건 무엇일까. 정상에 홀로 도드라진 나무 한 그루가 아니다. 땅을 땅이게끔 하는 건 무엇일까. 땅 한가운데 앉아 왕 노릇을 하는 맹수 한 마리가 아니다.

특별하지 않은 나. 지극히 평범한 나. 그 모습 그대로 귀하고 소중한 나. 수많은 '나'가 모여 세상을 만든다. 도는 쉼 없이 평범함 속으로 변화해 들어간다. 특별함을 추구하지 않는다. 왜일까? 평범함으로 세상이 안정됨을 알기 때문이다. 대수롭지 않은 삶에 위대한 변화가 깃들어 있음을 알기 때문이다.

『장자』「칙양」에는 이런 대목도 있다.

공자가 초나라로 가는 길에 주막에 들렀다. 어느 부부가 남녀 하인들과 함께 지붕을 손질하고 있었다. 제자인 자로가 공자에게 물었다.

"저 부부는 어떤 사람들일까요?"

공자가 답했다.

"성인일 것이다."

자로가 말했다.

"제가 가서 저들을 불러오겠습니다."

공자가 말했다.

"관둬라. 저들은 나를 말만 번지르르하다고 생각한다. 저들은 번지르르한 말을 듣는 것도 수치스럽게 여긴다. 친히 만나는 것은 얼마나 수치스럽게 여기겠느냐?"

정말 특별한 사람도 있다. 그들은 특별하단 말을 듣는 것도 수치스럽게 생각한다. 정말 평범한 사람도 있다. 그들은 평범하단 말을 듣는 것도 수치스럽게 생각한다. 정말 특별한 사람은 누구일까? '홀로 구별됨'을 달가워하지 않는 사람이다. 정말 평범한 사람은 누구일까? '홀로 평범함'을 기꺼워하지 않는 사람이다. **정말 특별한 사람은 가장 평범함이 가장 특별하다는 사실을 안다.** 정말 평범한 사람은 쉴 없이 나와 남을 저울질하며 구별되려고 애쓴다. 그래서 자연스레 말이 많아지고, 번지르르해지고, 유창해진다.

◆ '하나 됨'을 각별히 여기는 마음으로

『도덕경』에는 이런 대목이 있다.

> 다섯 가지로 구분된 색깔은 사람의 눈을 멀게 하고,
> 다섯 가지로 구분된 소리는 사람의 귀를 먹게 하며,
> 다섯 가지로 구분된 맛은 사람의 입맛을 잃게 한다.
> 말을 달리며 즐기는 사냥이 사람의 마음을 발광하게 하고,
> 얻기 어려운 재화가 사람의 행실을 어지럽힌다.
> 이러한 까닭에 성인은 배를 위할망정 눈을 위하지 않는다.
> 그러므로 저것을 버리고 이것을 취한다.

아름다운 색깔을 구분하는 사람은 아름다운 색깔만 보려고 한다. 그러다 보면 점점 많은 색깔을 보지 못하게 된다. 아름다운 색깔만 보다가 오히려 시력이 나빠지는 것이다. 소리와 맛도 마찬가지다. 아름다운 소리는 수많은 평범한 소리들 덕분에 아름다울 수 있다. 별미는 수많은 평범한 맛들 덕분에 맛있을 수 있다. 세상은 특색이 아니다. 각양각색이다. 특색과 조화를 이뤄내는 건 각양각색이다. 각양각색이야말로 진정한 보배다.

미친 듯 말을 달리는 사냥은 왜 특별한 놀음이 될까? 성실하고 묵묵하게 덫을 놓고 올가미를 거는 이들 덕택이다. 지극히 평범한 이들 덕택이다. 한정판은 왜 특별한 인기를 누리게 될까? 폭발적 관심 대상이 아닌 물건들 덕택이다. 꾸준히 생산된 평범한 물건들 덕택이다.

그리하여 노자는 말한다. 특별함 때문에 발광하고, 특별함 때문에 행실을 어지럽히고, 특별과 평범을 반대로 이해하기 때문에 세상이 어지럽다고. 특별한 눈으로 아름다움을 좇느니 평범한 한 끼로 배를 불리겠다고. 특별함을 버리고 평범함을 취하겠다고.

도의 마음은 '하나'를 각별히 여기는 마음이 아니다. '하나 됨'을 각별히 여기는 마음이다. 손에 땀이 흥건하도록 힘을 주어 거머쥔 특별을 향한 아집. 그것을 내려놓는 순간이 도와 내가 하나 되는 순간이다.

우환의 덫
눈치 보지 않고, 시중들지 않는 당당한 인생

강한 의지로 하려는 사람은 그것을 망칠 것이고,

꽉 잡고 놓지 않으려는 사람은 그것을 잃을 것이다.

원래 세상의 일이란 앞서는 것이 있는가 하면

뒤따르는 것도 있고,

따뜻한 온기로 감싸주는 것이 있는가 하면

찬 기운을 내뿜는 것도 있다.

—

위자패지(爲者敗之) 집자실지(執者失之)

고물혹행혹수(故物或行或隨) 혹허혹취(或歔或吹)

_『도덕경』

덕德은 명성을 추구하는 데서 무너지고,

명성은 자기를 드러내는 데서 망가지게 된다.

꾀를 내고 점을 치는 일은 다급함으로부터 나오고,

지식과 지혜는 다툼에서부터 나온다.

―

덕일호명(德溢乎名) 명일호폭(名溢乎暴)

모계호현(謀稽乎誸) 지출호쟁(知出乎爭)

_『장자』「외물(外物)」

◆ 돈, 명예, 학식, 자선, 박애를 좇는 사람들

제법 유명하신 분들이 모인 모임에서 들은 대화다. 어떤 사람이 이렇게 말했다.

"전 돈만 바라고 이 일을 하는 게 아니에요. 전 돈보다 명예를 중요하게 생각해요. 혹시 모르죠. 저희 중 정계에 진출하는 사람이 나올지도요."

그러자 다른 사람이 이렇게 말을 이었다.

"돈도 좋고 명예도 좋죠. 근데 어느 정도 가졌다면 돌려줘야 한다고 생각해요. 저희는 다른 사람들의 관심과 사랑으로 먹고살잖아요."

여러 사람이 훌륭하고 멋진 생각이라며 맞장구쳤다. 아마 그 자리에 모인 사람들은 돈이나 인기를 바라는 일은 천박하고, 학식이나 명예를 좇는 일은 괜찮다고 생각하는 것 같았다. 자선이나 박애를 베푸는 일은 더욱 고상한 일이고 말이다. 과연 그럴까?

『장자』「외물」에는 이런 대목이 있다.

우리 밖의 것은 반드시 그러한 게 아니다. 절대적인 게 아니다.

사람에겐 여러 가지가 있다. 그중 반드시 그러한 건 무엇일까. 본성(本性)이 유일할 것이다. 무엇이 옳고 그른가? 무엇이 좋고 나쁜가? 무엇이 귀하고 천한가? 때론 이런 물음에 정답을 제시하고픈 충동이 들기도 한다. 그러나 이는 상대적이며 비교 불가능한 물음이다. 이에 대답하려면 쉴 없이 판단을 내려야 한다. 끊임없이 비교해야 한다. 정신을 소모하거나 낭비해야 한다.

돈이나 인기를 갈망함. 학식이나 명예를 추구함. 자선이나 박애를 찬미함. 말은 다르지만 그 본질은 하나, 바로 좇음이다. 좇다[從]는 말은 '모시거나 시중들다'라는 뜻이다. 모시거나 시중드는 일은 어렵다. 경험해본 사람은 누구나 안다. 모시거나 시중든다고 하면 그 대상으로 윗사람 또는 나보다 나은 사람을 떠올리기 쉽다. 하지만 아랫사람을 보살피는 것도 모시는 일이다. 나보다 어려운 사람을 받드는 것도 시중드는 일이다.

우리 속담에 '가지 많은 나무에 바람 잘 날 없다'라는 말이 있다. 모시거나 시중들 게 많아질수록 근심 걱정도 늘어난다. 편안함이 줄어든다. 이는 자연스러운 세상의 이치다.

『장자』「외물」에는 이런 대목도 있다.

사람에겐 두 가지 큰 우환이 있다. 이로움과 해로움이다. 이 중 무엇에 빠져도 도망칠 곳이 없다. 늘 두렵고 불안하다. 아무 일도 이루지 못한다. 마음이 아슬아슬하다. 걱정과 고민이 서리면 근심에 잠긴다. 이로움과 해로움이 마찰을 일으키면 마음이 어지러워진다. 그러면 불처럼 과다한 욕망에 사로잡힌다. 조화롭고자 하는 마음까지 불사른다. 마음이 달처럼 맑고 고요하던 사람도 마찬가지다. 불같은 욕망을 견디지 못한다. 결국 모든 것이 무너져 망한다. 도(道)가 사라진다.

모시거나 시중드는 일은 왜 어려울까? 이로움과 해로움이 주는 우환 때문이다. 자유로운 의지의 상실 때문이다. 예를 들어 고용주를 모시는 사람이 있다고 치자. 그에게 닥칠 이로움과 해로움은 고용주의 기분에 따라 달라질 것이고, 머잖아 그는 고용주의 기분을 살피느라 전전긍긍하게 될 것이다. 또 환자를 돌보는 의사가 있다고 치자. 그에게 닥칠 이로움과 해로움은 환자의 상태에 따라 달라질 것이다. 환자의 상태가 악화되어 근심 걱정이 되면 그는 환자의 병을 고치려다 자신의 병을 일으키는 셈이 된다.

돈과 인기, 학식과 명예, 자선과 박애도 마찬가지다. 주식의 오르내림에 따라 감정이 요동친다면 어떨까. 주식을 모시고 시중드는 것이다. 자신의 본성을 잊은 것이다. 여전히 많은 이가 돈과 인기가 주는 이로움과 해로움을 저울질한다. 명예와 학식이 주는 이로움과 해로움을 저울질한다. 자선과 박애가 주는 이로움과 해로움을 저울질한다. 그러느라 자신을 우환의 늪으로 밀어 넣는다.

◆ 덕은 명성을 추구하며 무너진다

유교의 문제의식은 우환(憂患)이고, 기독교의 문제의식은 공포(恐怖)고, 불교의 문제의식은 고업(苦業)이다. 우환은 '근심과 걱정'을 뜻한다. 공포는 '두려움과 불안'을 뜻하고, 고업은 '심신의 괴로움'을 뜻한다. 우환과 공포와 고업은 어디에서 올까? 바로 이로움과 해로움에서 온다.

이롭다고 생각되면 근심과 걱정이 사라진다. 해롭다고 생각되면 두려움과 불안이 기승을 부린다. 신체의 고통과 마음의 괴로움이 없으면 이롭고, 있으면 해롭다. 이러한 생각이 우환과 공포와 고업의 본모습이다. 이로움을 좇고 해로움을 기피하려는 생각이 우환과 공포와 고업의 본모습이다.

자유는 어떻게 올까? 우환과 공포와 고업에서 해방됨으로 온다. 자유하려면 이로움과 해로움을 구별하지 말아야 한다. 이로움만 추구하거나 해로움을 기피하지 말아야 한다.

『장자』「외물」의 말이 이어진다.

임금 노릇과 신하 노릇은 일시적인 것이다. 세상이 바뀌면 처지도 바뀐다. 지극한 사람[至人]은 유행에 얽매이지 않는다. 세상과 조화를 이루면서도 편향되지 않는다. 사람들에게 순응하면서도 본성을 잃지 않는다. 지극한 사람은 세상의 가르침을 무작정 배우지도 않는다. 사람들의 뜻을 무작정 배척하지도 않는다.

돈과 인기, 학식과 명예, 자선과 박애도 그렇다. 유행을 따라 돌고
돈다. 신분과 계급의 시대가 가니 재물의 시대가 왔다. 순수학문의 시
대가 가니 응용학문의 시대가 왔다. 이기주의가 팽배하니 자선과 박
애가 고귀해졌다.

『장자』「외물」의 말이 계속된다.

> 덕은 명성을 추구하는 데서 무너지고,
> 명성은 자기를 드러내는 데서 망가지게 된다.
> 꾀를 내고 점을 치는 일은 다급함으로부터 나오고,
> 지식과 지혜는 다툼에서부터 나온다.
> 삶의 보호는 자신의 분수를 지킴으로써 가능해지고,
> 일의 성과는 모든 조건이 알맞을 때 나타난다.

덕은 어떻게 무너질까. 무언가를 좇기 시작하며 무너진다. 무언가
를 모시고 시중들기 시작하며 무너진다. 모시거나 시중들다 보면 다
급하기 쉽다. 다급하다 보면 다투기 쉽다. 이럴 땐 판단을 멈춰야 한
다. 생각을 내려놓고 분수를 돌아봐야 한다. 성과에 집착하지 말아야
한다. 그렇지 못하면 억지로 꾀를 내게 된다. 애써 점을 치게 되고 더
뛰어난 지식과 더 훌륭한 지혜를 찾게 된다.

◆ 인생은 끝을 알 수 없는 마라톤

『도덕경』에는 이런 대목이 있다.

> 천하를 차지하기 위해서 무엇인가를 하는데 나는 그게 뜻대로 되지 않음을 볼 뿐이다.
> 천하는 신령(神靈)스러운 그릇이기에 의지가 개입된 행위로써 어떻게 해볼 수 있는 것이 아니다.
> 강한 의지로 하려는 사람은 그것을 망칠 것이고, 꽉 잡고 놓지 않으려는 사람은 그것을 잃을 것이다.
> 원래 세상의 일이란 앞서는 것이 있는가 하면 뒤따르는 것도 있고, 따뜻한 온기로 감싸주는 것이 있는가 하면 찬 기운을 내뿜는 것도 있다.
> 어떤 것은 강하지만 어떤 것은 유약하다. 솟아나는 것이 있는가 하면 무너지는 것도 있다.
> 이 때문에 성인(聖人)은 극단적으로 하거나, 분에 넘치게 하거나, 지나치게 하지 않는다.

우리 모두는 뭔가를 추구하며 살아간다. 추구함에 이로운 것을 좋아하고 해로운 것을 싫어한다. 그러나 노자는 말했다. 추구함은 뜻대로 되지 않는다고. 세상은 신묘해서 사람의 노력이나 의지로 좌지우지할 수 없다고. 또 노자는 경고했다. 욕망을 불태우는 사람과 세차게 좇는 사람은 망칠 것이라고. 이로움만 취하고 해로움은 피하려는 사람은 잃을 것이라고.

나만의 기준을 포기하지 못하는 사람이 있다. 나만의 판단과 생각을 놓지 못하는 사람이 있다. 그런 사람은 극단적인 사람이다. 분수를 망각한 사람이다. 지나친 사람이다.

인생은 목표물을 잡으면 끝나는 사냥이 아니다. 끝을 알 수 없는 마라톤이다. 끝을 모름은 끝이 없음이다. 인생에서 앞서거니 뒤서거니 하는 건 당연하다. 인생에 따스한 날과 추운 날이 있음은 자연스럽다. 강할 때와 유약할 때가 있음은 당연하다. 솟아나는 순간과 무너지는 순간이 있음은 자연스럽다.

천박하다며 무시받는 일도 마찬가지고, 숭고하다며 찬양받는 일도 마찬가지다. 그것을 좇는 순간 나의 본성은 쪼그라든다. 그것을 모시고 시중드느라 편할 날이 없다. 우환의 늪으로 빠져들어간다.

이리저리 움직이는 사냥감을 다급하게 쫓는 건 수동적 객체의 삶이다. 반대로 결승선이나 이에 대한 집착이 없이 꾸준히 자신의 길을 걸어가는 건 능동적 주체의 삶이다. 헐레벌떡 숨을 몰아쉬며 사냥하는 삶과 안정된 호흡으로 발을 옮기는 마라톤의 삶. 여러분은 어떤 삶을 추구할 것인가.

28

주관과 객관
굽힐 줄 아는 사람이 진짜 강한 사람

남을 아는 자는 지혜로울 뿐이지만,

자기를 아는 자는 명철하다.

남을 이기는 자는 힘이 센 것에 불과하지만,

자기를 이기는 자는 진정한 강자다.

만족함을 아는 자는 진정한 부자지만,

억지로 하려는 자는 다만 의지가 있는 자일 뿐이다.

자기가 있어야 할 곳을 잃지 않는 자가 오래가고,

죽어서도 잊히지 않는 자가 진정으로 장수한다.

———

지인자지(知人者智) 자지자명(自知者明)

승인자유력(勝人者有力) 자승자강(自勝者强)

지족자부(知足者富) 강행자유지(强行者有志)

불실기소자구(不失其所者久) 사이불망자수(死而不亡者壽)

_『도덕경』

이해득실과 바른 일과 바르지 못한 일을 자기 앞에 늘어놓고,
좋아하고 싫어함과 옳고 그름을 따지는 일은
단지 사람들의 입을 막아 억지로 복종시키려 하는 것일 뿐이다.

—

이의진호전(利義陳乎前) 이호오시비(而好惡是非)

직복인지구이이의(直服人之口而已矣)

_『장자』「우언(寓言)」

◆ 유력한 출제자가 되려는 사람들

"출제자의 의도를 파악해라. 출제자가 정답이라고 생각하는 걸 찾아내라."

교육 현장에서 어렵지 않게 들을 수 있는 말이다. 우리나라는 객관식 문제에 익숙하다. 나 역시 아직 OMR 카드가 꿈결에서도 아른거린다. OMR 카드는 객관식 문화를 방증한다.

객관(客觀)이란 무엇일까. '다른 입장에서 생각함'이다. 자기만의 생각에서 벗어나 다른 관점으로 세상을 바라보는 것이다. 반대로 주관(主觀)은 '자기만의 견해나 관점'이다. 자기대로의 생각이고 자기다운 생각이다.

객관식 문제 해결이 가능하려면 '진짜 객관식 문제'가 있어야 한다.

그러나 객관식 문제로 알려진 것들의 실상은 문제를 제기한 사람의 의도를 파악하는 것에 가깝다. 사실은 주관식 문제다. 정말 객관적이려면 자기주관이 있어야 한다.

주관이란 '갇힌 곳'이기도 하다. 갇힌 곳을 모르면 벗어날 수 없다. 충분히 주관적일 수 없다면 충분히 객관적일 수 없다. 자기주관을 모르고 객관적이려 한다면 이는 밑 빠진 독에 물 붓기이다. 주관은 어떤 충격에도 버티는 튼튼한 벽이다. 객관은 벽에 통하는 공기다. 주관과 객관이 조화를 이뤄야 벽 속에서도 질식하지 않는다.

현대인의 관심사는 '유력한 출제자가 되는 것'이다. '다른 출제자의 의도를 덜 신경쓰며 살아가는 것'이다. 그러려면 내 주관이 더 많이 객관으로 인정받아야 한다. 그렇게 될 때까지 참고 버텨야 한다. 이는 주관을 객관으로 둔갑시키려는 노력이다. **객관은 내 주관을 누그러뜨려 다른 주관을 수용하는 과정이지, 내 주관을 객관으로 꾸미는 과정이 아니다.** 내 주관으로 다른 주관을 누르고 꺾는 과정이 아니다.

『장자』「우언」에는 이런 대목이 있다.

> 아버지는 자식의 중매를 설 수 없다. 아버지가 자식을 칭찬함이 다른 사람의 칭찬함만 못하기 때문이다.
>
> 사람들은 자신과 같은 의견엔 순응한다. 자신과 다른 의견엔 반대한다. 자신과 같은 생각은 맞다고 인정한다. 자신과 다른 생각은 틀렸다고 부정한다.

말을 한다. 하지만 맞고 틀림을 말하지 않는다. 그러면 평생 말하더라도 말한 적이 없게 된다. 평생 말하지 않더라도 말하지 않은 적이 없게 된다. 이해득실과 바른 일과 바르지 못한 일을 자기 앞에 늘어놓고, 좋아하고 싫어함과 옳고 그름을 따지는 일은 단지 사람들의 입을 막아 억지로 복종시키려 하는 것일 뿐이다.

매사 맞고 틀림이 분명한 사람. 호불호(好不好)가 명확한 사람. 이런 사람을 주관이 뚜렷한 사람으로 착각하기 쉽다. 그러나 이런 사람은 '주관만' 뚜렷한 사람이다.

자식에 대해 분명한 주관을 가진 아버지는 그렇다. 드러나게 자식을 칭찬하지 않는다. 내 주관에선 칭찬이, 다른 주관에선 칭찬이 아닐 수 있음을 알기 때문이다. 자식을 험담하더라도 노여워하지 않는다. 다른 주관에선 험담이, 내 주관에선 험담이 아닐 수 있음을 알기 때문이다. 내 주관을 과도하게 드러낼 필요는 없다. 이는 관계와 태도에서 내 주관이 자연스레 드러남만 못하다.

부모가 자식의 훌륭함을 열거한 푯말을 세우고 결혼 상대를 찾는다면 비웃음을 살 것이다. 뚜렷한 주관은 문제가 아니다. 내 주관만 바르거나 좋을 것이란 생각이 문제다. 내 주관을 지뢰처럼 주변에 늘어놓는다면 다른 주관을 가진 사람과의 관계는 위태로워질 것이다. 지뢰의 성능이 좋은 건 지뢰가 없느니만 못하다.

◆ 더불어 사는 세상에서 정말 중요한 것

내 생각을 내 방식으로 표현하는 게 주관은 아니다. 내 생각과 내 방식이 틀리거나 나쁠 수 있는 가능성을 열어두는 게 주관이다. 내 주관이 뛰어남을 입증하는 게 객관은 아니다. 여러 주관이 조금씩 물러나고 양보하는 게 객관이다. 다시 강조하지만, 객관이란 '주관들의 조화'다.

『장자』「우언」에는 이런 대목도 있다.

> 양자거[27]가 여관에서 노자를 뵙고 가르침을 청했다. 노자가 말했다.
> "그대는 눈을 부릅뜨고 노려본다. 그래서야 누구와 함께하겠는가?
> 진짜 맑고 깨끗한 것은 때 묻은 것처럼 보인다. 정말로 성대한 덕(德)은
> 부족한 것처럼 보인다."
> 양자거는 얼굴빛을 바꾸며 말했다.
> "가르침을 받들겠습니다."

양자거가 처음 여관에 갔을 땐 숙박객들이 나와서 그를 맞이했다. 여관 주인은 방석을 날라오고 주인의 아내는 수건과 빗을 가져왔다.

---

27   성은 양(陽) 이름은 주(朱). 자거(子居)는 자(字)이다. 『열자』「황제(黃帝)」와 『장자』「응제
     왕」에도 양자거와 노자의 대화가 실려있다.

숙박객들은 그를 보면 자리를 피했다. 난롯가에서 불 쬐던 사람들은 따뜻한 자리를 양보했다. 하지만 그가 노자를 뵙고 난 뒤로 달라졌다. 숙박객들이 그와 자리를 다투며 어울렸다.

도끼눈을 치켜뜨고 나의 주관을 밝히면 점점 외로워진다. 더불어 사는 세상에서는 정말 중요한 게 있다. 다투더라도 어우러지는 일이다. 그러려면 나의 주관이 틀리고 나쁘게 여겨짐도 더러 감내할 수 있어야 한다.

내 주관이 정말 맑고 깨끗하더라도 그렇다. 때 묻어 보이는 다른 사람의 주관과 함께 어울릴 때 객관으로 나아갈 수 있다. 내 덕이 정말 성대하더라도 그렇다. '덕이 부족하다'며 다른 이를 손가락질하는 부덕(不德)함도 품어줘야 성대한 덕으로 나아갈 수 있다. **진짜 맑고 깨끗하면 때 묻어 보이기도 한다. 진짜 덕이 성대하면 부족해 보이기도 한다.**

◆ 나를 낮출수록 세상은 기억한다

『도덕경』에는 이런 대목이 있다.

> 남을 아는 자는 지혜로울 뿐이지만, 자기를 아는 자는 명철하다.
> 남을 이기는 자는 힘이 센 것에 불과하지만,
> 자기를 이기는 자는 진정한 강자다.

만족함을 아는 자는 진정한 부자지만,

억지로 하려는 자는 다만 의지가 있는 자일 뿐이다.

자기가 있어야 할 곳을 잃지 않는 자가 오래가고,

죽어서도 잊히지 않는 자가 진정으로 장수한다.

다른 사람의 의도를 잘 파악하거나 대중이 원하는 대로 말하고 행동하는 사람은 똑똑한 사람이다. 자신의 의도를 명확히 알고 자신의 의도와 다른 이의 의도가 상충하는 부분을 잘 파악해 대처하는 사람은 슬기로운 사람이다. 다른 사람의 주장을 누르거나 꺾을 수 있는 사람은 힘이 센 사람이다. 그러나 다른 사람에게 내 의견을 굽힐 수 있는 사람은 강한 사람이다.

주어진 현실과 재물에 만족하는 사람은 부유한 사람이다. 그러나 애를 써서 더 이뤄내려고만 하는 사람, 끝도 모른 채 의지만을 불태우는 사람은 좀비와 다를 게 없다.

다른 주관과 오래 어우러지려면 뚜렷한 내 주관이 있어야 한다. 그래야 죽어서도 잊히지 않고 사람들의 머릿속에서 오래 장수한다. 그러나 내 주관을 하나의 절대적인 주관으로 만들려는 노력은 내가 사라지는 순간 원동력을 잃는다. 절대적인 제왕으로 군림했던 이들의 역사가 이를 방증한다. 반면 내 주관을 다른 주관과 조화롭게 합치시키려는 노력은 객관을 추구하려는 사람들이 남아있는 한 불멸한다. 수천 년 동안 이어져 내려온 성인들의 지혜가 이를 입증한다.

내 주관이 다른 사람의 주관을 능가한 순간을 세상은 기억하지 않는다. 시간이 흐를수록 그런 순간이 조롱거리가 되기도 한다. **내 주관을 누그러뜨려 조화로움에 기여한 순간을 세상은 기억한다.** 시간이 지나도 그런 헌신은 빛이 난다.

'자기다움'의 다른 말은 '아름다움'이다. 내 주관으로 다른 사람의 주관을 억압하는 건 아름답지 않다. 이런 주관은 나다운 주관이 아니다. 반면 내 주관으로 다른 사람의 주관을 이해하는 건 아름답다. 이런 주관은 나다운 주관이다. 나만의 주관으로 힘을 뽐낼 것인가. 나다운 주관으로 강함을 지닐 것인가. 어쩌면 우리는 이미 답을 알고 있는지도 모른다.

29

본말전도
배움의 목적은 성공이나 돈이 아니다

배움을 행하면 날마다 보태지고
도道를 행하면 날마다 덜어진다.
덜고 또 덜어내면 무위無爲에 이르는구나.
무위를 행하면 되지 않는 일이 없다.

―

위학일익(爲學日益) 위도일손(爲道日損) 손지우손(損之又損) 이지어무위(以至於無爲)

무위이무불위(無爲而無不爲)

_『도덕경』

원헌이 답했다.

"내가 듣기로 '재물이 없는 것을 가난이라 하고, 도를 배우고
도 실천하지 못하는 것을 고생이라 한다'고 하였소.

지금 나는 가난한 것이지 고생하는 것은 아니오."

―

원헌응지왈(原憲應之曰)

헌문지(憲聞之) 무재위지빈(無財謂之貧) 학이불능행위지병(學而不能行謂之病)

금헌빈야(今憲貧也) 비병야(非病也)

_『장자』「양왕(讓王)」

◆ 부자가 되면 행복하리란 어리석은 믿음

우리는 '부자되시라'라는 말을 덕담처럼 주고받는 자본주의 사회
에 살고 있다. 자본(資本)이란 무엇인가. '재물이 근본'이란 뜻이다. 재
물이 근본인 세상을 살며 서로 부자되길 빌어준다. 이는 자연스럽다.
그러나 부자가 되면 행복하리란 믿음은 결코 자연스럽지 않다.

『장자』「양왕」에는 이런 대목이 있다.

무왕(武王)[28] 이 백이(伯夷)와 숙제(叔齊)[29] 에게 동생인 숙단(叔旦)[30] 을

---

28 주나라 문왕(文王)의 아들이다. 본명은 희발(姬發)이다. 아버지의 유지를 받들어 상(商)
    나라의 폭군 주왕(紂王)을 몰아내고 주나라를 세웠다.

29 백이와 숙제는 요서(遼西) 지방의 고죽국(孤竹國) 사람으로 형제다. 이들의 아버지는 고
    죽국의 군주였던 고죽군(孤竹君)으로 이들 부자(父子)는 모두 성군(聖君) 신농씨의 후손
    이다. 성(姓)은 강(姜)씨로 알려졌다. 백이와 숙제에 관한 기록은 『장자』에만 있는 게 아
    니다. 『논어(論語)』, 『맹자(孟子)』, 『한비자(韓非子)』 등에도 있다. 『사기』「백이열전(伯夷列
    傳)」에서도 이들의 이야기를 자세히 다룬다.

30 주공(周公) 단(旦)을 말한다. 본명은 희단(姬旦)이다. 성왕(成王)의 숙부였으므로 숙단(叔
    旦)으로 칭했다.

보냈다. 숙단이 무왕의 말을 전했다.

"봉록은 둘째 등급 이상을 주겠소. 벼슬은 첫째 등급 이상을 주겠소."

백이와 숙제는 이렇게 말했다.

"신농씨(神農氏)가 다스릴 때를 생각해 보시오. 철에 따라 공경을 다해 제사를 지냈소. 그러나 행복을 빌진 않았소. 정성을 다해 충실하고 믿음직스럽게 백성을 다스렸소. 그러나 행복하라고 요구하진 않았소. 지금 주(周)나라는 은(殷)³¹ 나라의 어지러움을 보고 갑자기 좋은 정치를 목말라하고 있소. 윗사람은 계책을 써서 신하들을 모으고 있소. 아랫사람은 뇌물을 써서 벼슬을 구하고 있소. 군대를 믿고 무력으로 위세를 보존하고 있소. 자기의 행동을 선전함으로 백성을 기쁘게 해주고 있소. 전쟁으로 사람을 죽임으로 이익을 추구하고 있소. 이는 혼란을 난폭으로 대체하는 것이오."

백이와 숙제는 떠돌다 수양산(首陽山)에서 굶어 죽었다. 백이와 숙제 같은 사람은 어떤 사람인가? 재물과 지위를 마다할 수 있다면 취하지 않는 사람이다. 절개를 지키는 사람이고 덕행을 닦는 사람이다. 홀로 자신의 뜻을 즐기는 사람이고 세속의 기쁨을 일삼지 않는 사람이다. 이것이 선비의 절도다.

절개(節槪)란 무엇인가. '품은 뜻을 지키는 것'이다. 덕행(德行)이

---

31 상 왕조의 마지막 수도는 은이다. 때문에 상나라를 은나라로 부르기도 한다.

란 무엇인가. '다른 이를 품어주는 행동'이다. 절도(節度)란 무엇인가. '자신의 절개와 덕행을 몰라주더라도 서운해하지 않는 것'이다. '절개와 덕행에 반하는 세속의 기쁨을 부러워하지 않는 것'이다. '어쩔 수 없이 한다는 생각에 휘둘리지 않는 것'이다.

생각해 보면 그렇다. 자본주의 사회임을 모르면서 재물이나 지위에 집착하는 경우는 드물다. 예를 들어 어린아이가 자신의 의지로 재물이나 지위를 탐내는 경우는 드물다. 어린아이는 사람의 본성에 가까운 상태이기 때문이다. 그러나 현대인 중에는 본성에서 멀어진 이들이 많다. '내게 알맞은 정도'를 모르기 때문이다.

무왕은 은나라의 실패를 주나라의 성공으로 바꾸는 일에 협조하라고 백이와 숙제에게 요구했다. 동시에 많은 녹봉과 높은 벼슬을 약속했다. 하지만 백이와 숙제는 무왕의 요구에 응하지 않고 '나에게 알맞은 정도'의 길을 걸었다. 그리고 '굶어 죽을 정도'가 되자 기꺼이 굶어 죽었다.

◆ 삶의 수단을 목적으로 삼지 않는다

『장자』「양왕」에는 이런 대목도 있다.

태왕단보(大王亶父)[32]가 분(邠) 땅을 다스릴 때였다. 오랑캐가 침공했다. 태왕단보는 전쟁을 피하고 싶은 생각에 가죽과 비단을 바치며 오랑캐를 달랬다. 개와 말을 바치며 오랑캐를 달랬다. 진주와 옥을 바치며 오랑캐를 달랬다. 그러나 오랑캐는 받지 않았다. 오랑캐가 요구하는 건 토지였다.

태왕단보는 분 땅의 사람들을 모은 뒤 말했다.

"오랑캐와 전쟁을 하면 죽는 건 우리의 동생들과 자식들이오. 내가 백성들의 형들과 살며 어떻게 그들의 동생들을 죽일 수 있겠소. 내가 백성들의 아버지들과 살며 어떻게 그들의 자식들을 죽일 수 있겠소. 그대들은 모두 여기에서 잘 살길 바라오. 내 신하가 되든 오랑캐의 신하가 되든 무엇이 다르겠소? 나라는 백성을 기르기 위한 수단이오. 백성은 기름의 목적이오. 수단 때문에 목적을 해칠 순 없소."

태왕단보는 분 땅을 버리고 떠났다. 백성들은 줄을 지어 그를 따랐다. 태왕단보는 기산(岐山) 아래에 새로운 나라를 세웠다. 태왕단보는 생명을 존중할 줄 알았다. 생명을 존중하는 사람은 어떠한가? 높은 지위나 귀한 신분에 있더라도 몸을 기르는 것으로 몸을 해치지 않는다. 가난하고 천하더라도 이익으로 몸을 괴롭히지 않는다.

---

32 주나라 왕계(王季)의 아버지이자, 문왕의 할아버지다. 본명은 희단보(姬亶父)이며 고공단보(古公亶父)라고도 한다. 무왕이 주나라를 세운 뒤 태왕으로 추존됐다. 『맹자』 「양혜왕(梁惠王)」에도 태왕단보에 관한 이야기가 실려있다.

재물과 지위는 삶의 수단이지 삶의 목적이 아니다. 목적과 수단이 뒤바뀐 경우를 **본말전도(本末顚倒)**라고 한다. '본질과 말단이 거꾸로 됐다'는 뜻이다. 비슷한 말로는 **주객전도(主客顚倒)**가 있다. '주인과 손님이 거꾸로 됐다'는 뜻이다.

가죽과 비단, 개와 말, 진주와 옥, 토지와 주택, 명분과 전쟁은 생명을 기르는 수단이지 생명의 목적이 아니다. 태왕단보는 나라를 버렸다. 수단을 위해 목적을 희생시킬 수 없었기 때문이다. 태왕단보는 본성을 지켰다. 본성은 '알맞은 정도'다. 사람의 본성은 무엇인가. 생명을 존중하는 것이다. 사람의 알맞은 정도란 무엇인가. 생명을 해치지 않는 정도다.

『장자』「양왕」의 말이 이어진다.

요(堯)임금이 자주지보(子州支父)[33]에게 천하를 물려주려 했다. 자주지보는 우울증이 심해 그럴 겨를이 없다며 사양했다. 월(越)나라 사람들이 왕자 수(搜)를 임금으로 세우려 했다. 왕자 수는 도망쳤다. 왕자 수는 임금이 싫었던 게 아니다. 임금 노릇을 함으로써 닥칠 환난이 싫었던 것이다.

---

33 성은 자(子) 이름은 주(州)이고, 자(字)는 지보(支父)다. 도를 품고 숨어 지낸 은자(隱者)로 알려졌다.

자주지보의 목적은 우울증의 치료였는데, 천하라는 수단은 우울증을 치료하기에 적합하지 않았다. 그래서 자주지보는 천하를 사양했다. 마찬가지로 왕자 수의 목적은 환난에서 자유한 삶이었는데, 왕자 수에게 임금이라는 수단은 환난에서 자유하기에 적합하지 않았다. 그래서 왕자 수는 임금 자리를 피해 달아났다.

『장자』「양왕」의 말이 계속된다.

> 자공(子貢)은 공자의 제자 중 가장 부자였다. 자공은 큰 말이 끄는 아름다운 수레를 타고 원헌(原憲)[34]을 찾아갔다. 원헌의 집은 몹시 작았다. 싸리문은 부서져 있었고, 위에서는 빗물이 샜다. 원헌은 똑바로 앉아 거문고를 타고 있었다.
> 자공이 말했다.
> "아, 선생께서는 어찌 이렇게 고생을 하시오?"
> 원헌이 답했다.
> "내가 듣기로 '재물이 없는 것을 가난이라 하고, 도를 배우고도 실천하지 못하는 것을 고생이라 한다'고 하였소. 지금 나는 가난한 것이지 고생하는 것은 아니오."
> 자공이 우물쭈물 뒷걸음질하며 부끄러운 얼굴빛을 띠자 원헌이 웃으며

---

34 공자의 제자로 안빈낙도(安貧樂道)한 인물로 잘 알려졌다. 『논어』「헌문(憲問)」 제1장의 주인공이기도 하다.

말했다.

"세상의 좋은 평판을 바라면서 행동하고, 자기와 친한 사람들하고만 어울리며, 학문은 남에게 뽐내기 위해서 하고, 가르침은 자기의 이익을 위해서 하며, 어짊과 의로움 등의 명분을 내세워 나쁜 짓을 하고, 큰 말이 끄는 아름다운 수레로 자신을 꾸미는 일들은 나로서는 차마 할 수 없는 일들이오."

수단이 없는 것을 가난이라 하고, 목적이 없는 것을 고생이라 한다. **행동과 어울림, 가르침과 배움, 명분과 아름다움은 삶의 수단이지 목적이 아니다.** 행실을 갈고닦는 목적은 좋은 평판이 될 수 없다. 어울림의 목적은 친한 사람을 구분함이 될 수 없다. 배움의 목적은 뽐냄이 될 수 없고, 가르침의 목적은 이익이 될 수 없다. 어짊과 의로움의 목적은 명분을 만듦이 될 수 없으며, 아름다움의 목적은 꾸밈이 될 수 없다.

◆ 재물과 지위에 연연하는 불행한 사람들

『장자』「양왕」에 등장한 공자와 안회의 대화다.

안회가 말했다.

"스스로 즐기기에 부족함이 없으므로 벼슬하지 않겠습니다."

공자는 답했다.

"훌륭하다. 만족할 줄 아는 사람은 이익 때문에 자신을 해치지 않는다. 자족할 줄 아는 사람은 이익 때문에 두려워하지 않는다. 마음의 수양이 된 사람은 지위가 없어도 부끄러워하지 않는다."

부귀를 버려야 도를 깨달을 수 있다. 이는 장자의 문제의식이 아니다. 장자는 일부러 부귀를 버리라고 하지 않는다. 애써 빈천하라고 하지 않는다. 이 역시 자연스럽지 못한 인위(人爲)이기 때문이다. 다만 장자는 이렇게 조언한다.

'부귀하든 빈천하든 자신의 본성을 잃지 말라.'

본성을 지키며 부귀해진 사람이 있다. 본성을 지키느라 빈천한 사람이 있다. 장자 철학에서 이들은 평등하다. 본성을 지켰다는 점에서 다를 게 없기 때문이다. 장자의 세계에선 부귀하다고 우쭐할 필요가 없고, 빈천하다고 부끄러워할 이유도 없다. 장자 철학에서 정말 우쭐할 일은 따로 있다. 본성을 지키는 것이다. 정말 부끄러울 일은 따로 있다. 본성을 망각한 것이다.

많은 재물과 높은 지위는 그 자체로 좋거나 나쁠 게 없다. 맞거나 틀릴 게 없다. '많은 재물과 높은 지위가 생겨야 삶이 좋아질 것이다. 삶이 행복해질 것이다.' 부자가 되라는 덕담은 이런 착각을 일으키기 쉽다. 부귀를 잘 취할 수 있는 본성을 타고난 사람도 있다. 그러나 모두가 그런 본성을 타고난 건 아니다. 그런 본성을 타고난 사람은 극소

수일지도 모른다.

자신의 본성을 해치고, 마음을 속이고, 몸을 망치면서도 부귀해지려는 것은 위험하다. 부귀가 행복을 주리라 확신하는 것은 위험하다. 본질이 아닌 말단에 집착하면서 행복한 사람은 없다. 목적이 아닌 수단에 연연하면서 행복한 사람은 없다.

『도덕경』에는 이런 대목이 있다.

> 배움을 행하면 날마다 보태지고 도를 행하면 날마다 덜어진다.
> 덜고 또 덜어내면 무위에 이르는구나.
> 무위를 행하면 되지 않는 일이 없다.

세상에 안 되는 일이 없다면 행복할 것이다. 노자는 그 비결을 무위에서 찾는다. 그리고 무위란 본성을 앎으로써 가능하다. 본성을 회복함으로써 가능하다.

흔히 배울수록 성공하고 부귀영화를 누릴 수 있다고 생각한다. 그래서 배움을 일삼는 이들이 많다. 그러나 배움은 부귀영화와 성공의 일률적 수단이 아니다. 배움의 목적은 본성에 따라 저마다 다르다. 자신의 본성을 모른 채 배움에만 열중하면 오히려 본성에서 멀어지게 된다.

본성을 찾아야 자신의 뜻을 찾을 수 있고, 자신의 뜻을 찾아야 뜻을 세울 수 있다. 뜻을 세워야 뜻이 흔들리지 않을 수 있고, 그래야 '내게 알맞은 정도'를 파악할 수 있다. 수단 때문에 나를 해치지 않을 수 있다. 수단이 부족한 나를 부끄러워하지 않을 수 있다.

목적 발견의 길은 수단을 비움에 있다. **목적을 회복한 사람은 '진짜 나'로 살고, 수단만 일삼는 사람은 '가짜 나'로 산다.** 어떤 나로 살 것인가. 이는 삶의 목적에 달려있다.

30

경세제민
부는 아무리 채워도 채우지 못한다

소박함을 굳게 지니고 사사로운 욕망을 적게 하라.

—

견소포박(見素抱樸) 소사과욕(少私寡欲)

_『도덕경』

지혜 있는 사람^{知者}의 행동이란,

원래가 행동의 표준을 뭇 백성들의 생각으로 삼기에

일정한 법도를 어기지 않는다.

그러므로 언제나 마음으로 만족하여 남과 다투지 않는다.

일부러 꼭 해야만 하는 일이 없으므로

남에게 빌리고자 하지도 않는다.

그러나 만족을 모르는 사람은 그 때문에 욕망을 추구하게 되고,

사방으로 다투면서도 스스로를 탐욕스럽다고 생각하지 않는다.

—

지자지위(知者之爲) 고동이백성(故動以百姓) 불위기도(不違其度)

시이족이부쟁(是以足而不爭) 무이위(無以爲) 고불구(故不求)

부족고구지(不足故求之) 쟁사처이부자이위탐(爭四處而不自以爲貪)

_『장자』「도척(盜跖)」

◆ 갈 길을 잃은 경제적 자유

많은 이가 '경제적 자유'를 꿈꾼다. 그런데 경제적 자유가 무엇인가에 대한 이해는 제각각 다르다. 어떤 이는 하고 싶은 일을 마음껏 하는 게 경제적 자유라 하고, 어떤 이는 살고 싶은 곳에 살고, 먹고 싶은 것을 먹고, 타고 싶은 걸 타는 게 경제적 자유라고 한다. 또 어떤 이는 아무것도 안 하는 게 경제적 자유라고 한다.

어쨌든 경제적 자유란 좋아 보인다. 꿈만 같아 보인다. 그런데 경제적 자유를 목말라하는 이들의 공통점은 무엇일까. 바로 '싶다'이다. '싶다'를 한자로는 '욕(慾)'이라고 한다. 욕이란 '하려는 마음'이다.

경제적 자유의 본질은 '무언가를 어떻게 하려는 마음'이다. 그리고 경제적 자유에 관심이 많은 이유는 무언가를 어떻게 하려는 마음이 채워지지 않기 때문이다. 이쯤에서 한 가지 궁금증이 든다. 하려는 마음은 가득하지만 '무언가'와 '어떻게'를 정확히 모르면 어떻게 되는 걸까? 안타깝게도 경제적 자유를 찾는 대부분의 사람은 이런 상태다.

하고 싶은 일을 정확히 모르고, 내가 살고 싶은 곳과 먹고 싶은 것을 정확히 모르고, 내가 타고 싶은 것과 하고 싶은 일을 정확히 모른다. 그런데 경제적 자유를 부르짖는다. 이는 '하려는 마음'만 앞선 상태다. 욕망에만 불타오르는 상태다.

지향이 없는 욕망, 채우는 방법을 알지 못하는 욕망, 이런 욕망은 무슨 수를 써도 채울 수 없다. 많은 현대인이 공허감과 무력감을 호소하고 상실감과 좌절감을 토로하는 게 정말 경제적 자유를 얻지 못해서일까? 그렇지 않다. 내가 지향하는 바를 모르기 때문이다. 알더라도 어떻게 지향해야 할지 모르기 때문이다.

◆ 조화를 잃어버린 인류의 현주소

『장자』「도척」에 이런 대목이 있다.

> 무족(無足)[35]이 지화(知和)[36]에게 말했다.
>
> "부(富)란 사람에게 해로운 점이 없다. 세상의 모든 아름다움을 손에 넣을 수 있고, 어떤 권세도 추구할 수 있다. 이는 지극한 사람[至人]도 미칠 수 없는 일이다. 성인(聖人)도 따라갈 수 없는 일이다. 부를 가진 사람은

---

35 가상의 인물로 만족을 모르는 욕망을 상징한다.
36 가상의 인물로 정신적으로 평화로운 상태를 상징한다.

남의 용기와 능력을 빌림으로써 위세를 떨친다. 강한 힘을 발휘한다. 남의 지혜와 계략을 이용함으로써 명석하게 잘 살핀다. 남의 덕행(德行)을 이용함으로써 현명하고 어질게 행동한다. 나라를 다스리지 않아도 임금이나 아버지 같은 위엄을 지닐 수 있다. 음악이나 미술처럼 마음을 기쁘게 하는 것들을 배우지 않고도 즐길 수 있다. 몸은 본받을 것 없이도 편안할 수 있다. 탐나는 것을 얻고 싫어하는 것을 피할 수 있다. 스승의 가르침도 기다릴 것 없다. 부야말로 사람의 본성이다. 누가 부를 사양하겠는가?"

지화가 말했다.

"지혜 있는 사람의 행동이란, 원래가 행동의 표준을 뭇 백성들의 생각으로 삼기에 일정한 법도를 어기지 않는다. 그러므로 언제나 마음으로 만족하여 남과 다투지 않는다. 일부러 꼭 해야만 하는 일이 없으므로 남에게 빌리고자 하지도 않는다. 그러나 만족을 모르는 사람은 그 때문에 욕망을 추구하게 되고, 사방으로 다투면서도 스스로를 탐욕스럽다고 생각하지 않는다. 만족할 줄 아는 지혜 있는 사람은 남을 정도로 충분하다고 여기기 때문에 남들이 추구하는 것을 사양하며 천하를 버리고서도 스스로를 청렴하다고 생각하지 않는다. 청렴이니 탐욕이니 하는 것들의 실상은 욕망이 향하고 있는 자기 밖의 것들에 의하여 결정되는 것이 아니기 때문이다. 청렴도 탐욕도 돌이켜 자기 마음의 법도를 살펴보아야 알 수 있게 되는 것이다."

현대인들은 '부는 좋은 것'이라 찬양한다. 그러나 부를 성공적으로 이루리란 확신이 없다. 그래서 부를 포기한다. 이는 패배주의다. 욕망을 비운 게 아니라 잠깐 치운 것이다. 욕망이 보이지 않는 상태가 아니다. 눈에 띄는 곳에 욕망을 놓아두고 물끄러미 바라보는 상태다. 잡을 수만 있다면 지체 없이 낚아챌 준비를 마친 상태다.

지혜 있는 사람에겐 '억지로 하고 싶다'라는 마음이 없다. 지혜 있는 사람은 이것이 자연스러운 본성이 아님을 안다. 자연을 살펴보면 사람만이 그렇다. 안 될 것 같은 일에 부단히 애를 쓰고, 끝내 되게끔 만들고야 만다. 심지어 이를 즐긴다. 물론 이렇게 본성을 거스른 덕분에 인류 문명이 발전하지 않았느냔 반문도 있다.

그러나 문명과 문화는 다르다. **문명은 이기(利己)를 전제하고, 문화는 조화(調和)를 전제한다. 인류 문명이 발전한 결과 인류의 생활은 나아졌다. 하지만 인류와 인류가 아닌 것들의 조화는 균형을 잃었다.** 인류는 다른 힘을 어떻게 빌리거나 이용하면 좋을까 하는 것만 고민하게 됐다. 다른 것을 본받으려는 마음은 사그라들었다. 이 한 몸 즐겁고 편안하려는 마음에 자신이 탐욕스럽단 생각조차 못 하게 됐다. 인류가 정말로 당착한 현실이다.

지혜 있는 사람은 더불어 사는 주변을 돌아본다. 억지스러운 욕망을 불태우지 않는다. 뭇사람의 삶을 내 삶의 표준으로 삼는다. 그리하여 자신에게 알맞은 상태에서 벗어남이 없다. 일정한 정도에서 벗어남이 없다. 당면한 현실에 만족하기에 부족한 것보다 남는 것을 발견한다. 다른 사람에게 빌릴 이유도 없고 다른 사람을 이용할 필요도 없다. 남과 다툴 까닭도 없다. 그러면서도 자신을 청렴하게 여기지 않는다. 욕망을 억누르고 애써 비워내는 건 청렴이 아니다. 사람의 원상태는 '아무런 욕망도 없음'이다. 원상태로 돌아가려는 건 자연스러운 일이다.

◆ 다른 사람을 돕는 진짜 경제적 자유

『도덕경』에는 이런 대목이 있다.

> 성인이라는 이상을 끊고 지혜로운 자의 형상을 버리면 백성들의 이익은 훨씬 커진다.
> 어짊과 의로움의 관념을 끊어버리면 백성들은 효성과 자비로움을 회복하게 된다.
> 기교와 이로움을 끊어버리면 도적이 없어진다.
> 이 세 가지는 모두 인위(人爲)적으로 만들어진 것이니 충분치 못하다.
> 그러므로 다음과 같은 방침을 따르게 하라.
> 소박함을 굳게 지니고 사사로운 욕망을 적게 하라.

'부를 가지면 무엇이든 내 맘대로 할 수 있다'라는 생각은 이상이다. 신(神)처럼 추앙하던 부자의 꿈을 버리면 그 이상의 이익이 돌아온다. '어짊과 의로움을 내세워 가르친다'라는 생각은 위선이다. 잘 꾸며진 평계를 버리면 값진 진실을 얻을 수 있다. '훌륭한 재주로 출세한다'라는 생각은 교만이다. 나를 높이려는 교만을 버리면 밝은 평화를 구할 수 있다.

부라는 건 상대적이며 불완전한 기준이다. 인위적인 기준이다. **인위적인 기준의 특징은 무엇인가. 채우고 채워도 충분하지 못함이다. 끝내 만족감을 느낄 수 없음이다.** 정말 지혜 있는 사람은 누구나가 소박하게 여기는 정도를 알맞은 정도로 설정한다. 거기서 벗어나지 않도록 사사로운 욕망을 떨쳐버린다. 사사로운 욕망은 '내가 원하는 것을 내 마음대로 하려는 마음이고 폭력'이다.

경제(經濟)란 경세제민(經世濟民)의 준말이다. '세상을 지나며 뭇사람을 돕는다'라는 뜻이다. 경세제민의 참뜻을 경제적 자유라는 말에 대입하면 '세상을 자유롭게 노닐며 자유롭게 돕는다' 정도로 해석할 수 있다. 이때 '스스로 말미암는다'라는 뜻의 자유(自由)는 '스스로 그러하다'라는 뜻의 자연(自然)과 상통한다. 무언가를 어떻게 하려는 마음이 없어야 자유스럽고 자연스럽다. **세상을 살아가며 자연스럽고 자유스럽게 다른 사람을 돕는 일. 그것이 진짜 경제적 자유다.**

자유롭게 돈을 쓰는 사람. 자연스럽게 경세제민을 실천하는 사람. 누가 진짜 부자일까? 부자는 멀리 있지 않다. 누구나 지금 당장 부자가 될 수 있다.

31

진실함
순수가 결여된 가짜 노력의 한계

성인聖人은 무위無爲하는 일을 하며 말 없는 가르침을 행한다.
만물이 잘 자라나는 것을 보고도 그것을 자신이 시작하도록
했다고 하지 않고, 만물을 잘 살게 해주고도 그것을 자신의
소유로 하려 하지 않으며,
무엇을 하든 자신의 뜻대로 하고자 하지 않는다.

──

시이성인처무위지사(是以聖人處無爲之事)

행불언지교(行不言之敎) 만물작언이불시(萬物作焉而弗始) 생이불유(生而弗有)

위이불지(爲而弗志)

_『도덕경』

진실함이란 의도의 순수함과 성실함의 극치,
즉 정성精誠의 지극함에 있습니다.
의도가 순수하지 못하면 성실하지 못하게 되어

266

다른 이를 움직이거나 사람들을 감동시킬 수가 없게 됩니다.

—

진자(眞者) 정성지지야(精誠之至也)

부정불성(不精不誠) 불능동인(不能動人)

_『장자』「어부(漁父)」

◆ 노력의 결과는 아름답지 않을 수도 있다

흔히 '노력이 하늘에 닿으면 못할 일이 없다'고 한다. 절로 고개가 끄덕여지는 말이다. 노력(努力)은 '있는 힘을 다해 애쓰다'라는 뜻이다. 피, 땀, 눈물은 노력의 대표적 상징이다. 성취에 피와 땀과 눈물이 빠진 경우는 드물다.

그러나 해가 쨍할수록 그림자가 짙고, 산이 높을수록 골도 깊다. 노력의 가치가 부각되니 노력의 부작용은 등한시됐다. 성공하지 못한 사람들은 피와 땀과 눈물이 부족하지 않았냐는 질책에 시달릴 수밖에 없게 됐다. 그런데 정말 그럴까? 피가 나면 지혈을 해야 살 수 있고, 땀을 흘리면 목욕을 해야 청결을 유지할 수 있다. 눈물이 흐르면 닦아야 앞을 볼 수 있다.

노력이 음악과 게임, 운동과 공부, 전문성에 미치는 영향을 살펴본 연구가 있다. 결과는 놀라웠다. 노력이 게임 실력에 미치는 영향은

26%였다. 음악 실력에 미치는 영향은 21%였고, 운동 실력에 미치는 영향은 18%였다. 성적에 미치는 영향은 4%였고, 전문성에 미치는 영향은 고작 1%였다. 열심히 노력하면 무엇이든 해낼 수 있다는 통념이 완전히 뒤집힌 것이다.

노력은 아름다운 말이지만, 엄밀히 말해 노력보다는 노력하는 과정이 아름다운 것이다. 피, 땀, 눈물은 노력한 결과의 아름다움까지는 보장하지 않는다. 무엇보다도 성취에는 노력보다 결정적인 게 많다.

『장자』「어부」에 이런 대목이 있다.

공자가 고기잡이를 만났다. 공자가 말했다.

"저는 어려서부터 배움에 뜻을 뒀습니다. 지금은 69세가 됐습니다. 하지만 여태 지극한 가르침을 듣지 못했습니다. 저는 노(魯)나라에서 두 번 쫓겨났습니다. 위(衛)나라에서도 쫓겨났습니다. 송(宋)나라에선 저를 죽이려 했습니다. 진(陳)나라와 채(蔡)나라에선 포위됐습니다. 아무리 생각해도 제가 뭘 잘못했는지 모르겠습니다. 저는 왜 이런 치욕을 당해야 했을까요?"

고기잡이가 답했다.

"심합니다. 선생은 정말이지 깨우치질 못하는군요. 어떤 사람이 자기 그림자를 두려워했습니다. 자기 발자국을 싫어했습니다. 이것들을 떠나 달아나려 했습니다. 발을 자주 놀릴수록 발자국이 더 많아졌습니다. 빨리 뛸수록 그림자는 더 달라붙었습니다. 그는 생각했습니다. '아직도 내가 더디게 뛰고 있구나.' 그는 밤낮없이 질주했습니다. 마침내 힘이 떨어져 죽고 말았습니다. 그는 몰랐습니다. 그늘 속에서 쉬면 그림자가 사라짐을. 고요히 멈추면 발자국이 나지 않음을. 이쯤 되면 어리석음도 지나치다고 하겠습니다."

음악에 별 흥미가 없지만 이름을 남기고 싶다. 그래서 세계적인 음악가가 되려 한다. 게임에 별 소질이 없지만 인기를 누리고 싶다. 그래서 프로게이머가 되려 한다. 운동신경이 부족하지만 스포츠 스타의 이적료가 부럽다. 그래서 운동에 있는 힘을 다한다. 공부가 싫지만 잘 먹고 잘살고 싶다. 그래서 공부에 있는 힘을 다한다. 노력하고 싶지 않지만 분야에서 더 나은 대우를 받고 싶다. 그래서 전문성을 함양하고자 한다. 과연 가능한 일일까? 아마 죽기 전까지 노력해도 바라는 것을 얻지 못할 가능성이 높다.

◆ 내가 진정으로 바라는 것은 무엇인가

『장자』「어부」에서 고기잡이의 말이 이어진다.

"자신의 마음을 닦으십시오. 자신의 진실한 모습을 지키십시오. '성공으로 이름을 드러내려는 마음'을 돌려보내 주십시오. 그러면 몸과 마음이 고달플 일도 없습니다. 당신은 자신의 마음을 닦지 않습니다. 남에게서 자신의 이유를 추구합니다. 이 또한 빗나가지 않았겠습니까?"

노력의 이유를 자신의 본성과 마음에서 찾는 사람은 고달플 일이 없다. 반면 노력의 이유를 남에게서 찾는 사람은 발자국을 떠나 달아나려고 더 질주하는 사람과 같다. 그림자를 떠나 달아나려고 더 질주하는 사람과 같다. 본성을 알아야 제대로 된 노력을 기울일 수 있다. 본성을 깨달으려면 마음을 살펴야 한다. 그래야 알 수 있다. 진정으로 바라는 게 음악인지 명예인지, 게임인지 인기인지, 스포츠인지 돈인지, 공부인지 안락한 삶인지, 전문성 함양인지 더 나은 대우인지.
고기잡이의 말은 계속된다.

진실함이란 의도의 순수함과 성실함의 극치, 즉 정성의 지극함에 있습니다. 의도가 순수하지 못하면 성실하지 못하게 되어 다른 이를 움직이거나 감동시킬 수 없습니다.
그러므로 억지로 곡(哭)을 하는 사람은 비록 슬퍼하는 것처럼 보이더라도 슬프게 느껴지지 않습니다.
억지로 화난 체하는 사람은 비록 엄하게 군다고 할지라도 위엄이 느껴지지 않습니다.
애써 친한 척하는 사람은 비록 웃고 있다고 하더라도 친밀하게 느껴지지 않습니다.

진실로 슬픈 사람은 소리 내어 울지 않아도 애처롭게 느껴집니다.

진실로 노여워하고 있는 사람은 화내지 않아도 위압감이 느껴집니다.

진실로 친한 사람은 웃지 않아도 친밀하게 느껴집니다.

진실함을 속마음에 간직한 사람은 신묘한 작용이 밖으로 드러납니다.

이것이 진실함이 귀중한 까닭입니다.

내 의도는 얼마큼 순수했을까. 내 뜻은 얼마큼 진실했을까. 내 노력은 얼마큼 성실했을까. 반성하게 된다. 의도가 순수하면 뜻은 저절로 진실해지고, 뜻이 진실하면 노력은 저절로 성실해진다. 마음을 면밀히 살피지 않으면 본성을 깨닫지 못하고, 본성을 깨닫지 못하면 죽을 힘을 다해 노력해도 뜻이 진실해지지 않는다. 의도가 순수해지지 않는다.

◆ **성공에 목마르지 않음으로써 성공하는 법**

『도덕경』에는 이런 대목이 있다.

성인은 무위하는 일을 하며 말 없는 가르침을 행한다.

만물이 잘 자라나는 것을 보고도 그것을 자신이 시작하도록 했다고 하지 않고,

만물을 잘 살게 해주고도 그것을 자신의 소유로 하려 하지 않으며,

무엇을 하든 자신의 뜻대로 하고자 하지 않는다.

공(功)이 이루어져도 그 이룬 공 위에 자리하지 않는다.

오직 그 이룬 공 위에 자리하지 않기 때문에 버림받지 않는다.

무위란 순수한 의도를 뜻한다. 순수한 의도란 '억지로 어떠한 척'하지 않는 의도이다. 의도가 순수해야 진실한 뜻을 전할 수 있다. 진실한 뜻으로 시작한 일이 성공해야 성공의 주인이 내가 된다. 성공의 진짜 주인은 노력이 아니다. 순수한 의도와 진실한 뜻이다.

순수한 의도와 진실한 뜻으로 성공한 사람은 어떤 사람인가. 성공을 소유하지 않으려는 사람이다. 소유란 무엇인가. 내 의도대로 된다는 마음이다. 내 뜻대로 해도 상관없다는 마음이다. 소유욕이 생기면 의도는 오염되고, 뜻은 불순해지며, 노력은 불성실해진다. **진짜 노력한 사람은 성공에 집착하지 않는다. 집착이 본성을 해치고 마음을 얼룩지게 하기 때문이다.** 소유하지 않고 집착하지 않는 사람은 버릴 게 없다. 버림받을 일도 없다.

소유하지 않음으로 진짜 성공의 즐거움을 만끽할 것인가, 집착함으로 가짜 성공의 달콤함에 매몰될 것인가. 나를 위해 노력할 것인가, 남을 따라 노력할 것인가. 본성을 지켜 정성껏 성취할 것인가, 본성을 거슬러 성취를 가장할 것인가. 이는 순수한 의도와 진실한 뜻에 달려 있다.

32

천성
하늘의 그물은 넓지만 빠뜨리지 않는다

하늘의 도道는 다투지 않고도 잘 이기고, 말 없이도 잘 반응하며,
부르지 않아도 저절로 오고, 여유를 가지고 잘 도모한다.
하늘의 그물은 넓고도 넓어서
듬성듬성하지만 빠뜨리는 것은 없다.

—

천지도(天之道) 부쟁이선승(不爭而善勝) 불언이선응(不言而善應)

부소이자래(不召而自來) 천연이선모(繟然而善謀)

천망회회(天網恢恢) 소이불실(踈而不失)

_『도덕경』

사람이 밖으로부터 받는 형벌이란
쇠와 나무로 만든 형틀에 의한 것이다.
사람이 안으로부터 받는 형벌이란
마음의 동요와 과도한 고통에 의한 것이다.

—

위외형자(爲外刑者) 금여목야(金與木也)

위내형자(爲內刑者) 동여과야(動與過也)

_『장자』「열어구(列禦寇)」

◆ 어쩌면 내 안에서만 옳다고 여겨지는 일

우리가 흔히 쓰는 말 중에 인식(認識)이라는 단어가 있다. '알고 있는 대로 분간한다'라는 뜻이다. 열 사람이 있으면 열 개의 인식이 있고, 백 사람이 있으면 백 개의 인식이 있다. 저마다 '알고 있는 부분'이 다르고, '알고 있는 정도'가 다르고, '알게 될 가능성'이 다르기 때문이다. 비슷한 인식은 있지만 똑같은 인식은 없다. 그리고 무엇보다 완전한 인식은 없다.

거대한 빙산의 끄트머리를 보고 빙산 전체를 인식하는 걸 '인식 부분의 한계'라고 한다. 작고 얕은 이해로 인식을 왜곡하는 걸 '인식 정도의 한계'라고 하며, 한번 자리한 인식이 하루아침에 바뀌지 않는 걸 '인식 가능성의 한계'라고 한다. 보통 이 세 가지를 합쳐 '인식 기준의 한계'라고 한다. **인식 대상에 대한 이해가 깊어질수록 인식 기준의 한계가 엷어진다.**

『장자』「열어구」[37]에는 이런 대목이 있다.

조물자(造物者)[38]가 사람에게 보답할 땐 그 사람에게 보답하지 않는다. 그 사람의 천성에 보답한다. 자신을 올바르게 여김은 덕(德)이 있는 사람도 하지 않는 일이다. 하물며 도를 터득한 사람이야 어떻겠는가? 자신을 올바르게 여김은 하늘의 형벌을 좇는 것이다. 성인(聖人)은 편안한 곳에서는 편안히 지내고, 편안치 않은 곳에서는 편안치 않게 지낸다. 보통 사람은 편안치 않은 곳에서는 편안히 지내고, 편안한 곳에서 편안치 않게 지낸다.

'내가 옳다'며 하늘과 다투던 사람이 있었으나 결국 하늘을 이길 수 없었다. 그는 끝내 하늘의 형벌을 피해 도망다니는 신세가 됐다. 하지만 자신이 옳다는 주장을 굽히지 않았다. 오히려 자신이 옳다고 여기는 것을 내놓으라며 하늘에 더욱 생떼를 부렸다. 그는 끝내 자신이 옳다고 여기는 것을 얻지 못했다. 더욱 심한 형벌을 받았다.

내 인식에서만 옳다고 여겨지는 걸 구한 적은 없었던가. 내 기준에서만 옳다고 여겨지는 걸 바란 적은 없었던가. 반성하게 된다. 조물자는 도다. 도가 바라는 일은 무엇인가. 모두 천성에 알맞게 살아감이

---

37   전국시대 사상가인 열자(列子)의 본명으로 『열자』의 저자로 알려졌다. 『열자』는 『도덕경』, 『장자』와 같은 도가 계열의 경전이다.

38   조물주(造物主)와 같은 말이다. 우주 만물을 만들고 다스리는 신(神)을 뜻한다. 도가에서 조물주란 도와 같은 개념이다.

다. 여우가 곰이 되길 바라더라도 도는 그런 바람에 반응하지 않는다. 부지런한 사람이 게을러지길 바라더라도 도는 그런 바람에 반응하지 않는다.

천성(天性)이란 '하늘이 부여한 본모습'이다. **천명지위성(天命之謂性)**. 『중용(中庸)』의 첫머리에 등장하는 이 대목은 '하늘의 명령을 본성이라고 한다'라는 뜻이다. 천성이란 '나다운 상태에 있음'을 뜻한다.

여우가 곰을 옳다고 여기며 스스로 여우임을 잊어버린다. 계속 곰이 되려고 한다. 이는 하늘의 명령을 거역하는 일이다. 부지런한 사람이 게으름을 옳게 여기며 스스로 부지런함을 잊어버린다. 계속 게을러지려고 한다. 이도 하늘의 명령을 거역하는 일이다. 자신의 천성을 거역하는 사람은 편안히 지낼 수 있는 곳을 버리는 것과 같다. 편안히 지낼 수 없는 곳에서 편하게 지내려 애쓰는 것과 같다.

◆ 다투지 않아야 이길 수 있다

『장자』「열어구」의 말이 이어진다.

> 사람이 밖으로부터 받는 형벌이란 쇠와 나무로 만든 형틀에 의한 것이다. 사람이 안으로부터 받는 형벌이란 마음의 동요와 과도한 고통에 의한 것이다.

다른 이에게 잘못해서 받는 형벌은 밖에서 오는 형벌이자 사람의 형벌이다. 법적 처벌과 관계의 상실이 대표적이다. 많은 사람이 밖에서 오는 형벌을 두려워한다. 반면 나에게 잘못해서 받는 형벌은 안에서 오는 형벌이자 도의 형벌이다. 마음의 혼란과 정신의 고뇌가 대표적이다. 많은 사람이 안에서 오는 형벌은 도외시한다. **그렇다면 스스로 가하는 가장 큰 형벌은 무엇일까. 자신의 천성을 존중하지 않는 것이다. '자기다움'을 포기하는 것이다.**

『도덕경』에는 이런 대목이 있다.

> 과감하게 하는 용기가 있으면 죽고, 과감하게 하지 못하는 용기가 있으면 산다. 이 두 가지에서 어떤 것은 이롭고 어떤 것은 해롭다. 자연이 싫어하는 것에 대하여 누가 그 까닭을 알겠는가. 그래서 성인은 오히려 망설이는 것이다.
>
> 하늘의 도는 다투지 않고도 잘 이기고, 말 없이도 잘 반응하며, 부르지 않아도 저절로 오고, 여유를 가지고 잘 도모한다. 하늘의 그물은 넓고도 넓어서 듬성듬성하지만 빠뜨리는 것은 없다.

용단(勇斷)이 필요한 상황이 있다. 용단은 이로움이 되기도 해로움이 되기도 한다. 천성에 부합하려는 용기는 자신에게 이롭고, 천성을 거스르려는 용기는 자신에게 해롭다. 그리하여 노자는 말했다. 천성을 과감히 거스르는 용기는 죽음을 부르고, 천성을 과감히 받아들이는 용기는 삶을 편안케 한다고.

하늘은 왜 천성에 부합하는 삶을 응원할까? 왜 천성에 거스르는 삶에는 보답하지 않을까? 자세히 알 길은 없다. 사람의 불완전한 기준과 인식은 그렇다. 하늘의 완전한 기준과 인식을 따라잡지 못한다.

그럼에도 분명한 사실은 알고 있다. 천성을 따라 사는 사람은 남과 다툴 일이 없다는 것이다. 다툴 일이 없음은 질 일이 없음을 뜻한다. 다투지 않아야 늘 이길 수 있다. **경쟁(競爭)이란 '우열을 가릴 수 없는 천성들의 겨루기'다.** 이는 몹시 부자연스러운 일이다. 천성을 따라 사는 사람은 남과 경쟁하지 않는다. 다투지 않고도 잘 이겨낸다.

천성은 본능보다 민감하다. 부르지 않아도 저절로 온다. 천성을 따라 사는 삶이 여유로운 이유는 언제 떠날까, 언제 사라질까, 전전긍긍할 필요가 없기 때문이다. 천성을 통하면 무슨 일이든 여유롭게 할 수 있다.

◆ 사람의 그물은 촘촘하지만 잘 빠뜨린다

하늘의 그물은 천망(天網)이다. 노자는 하늘의 그물이 무척 넓다고 했다. 그래서 듬성듬성하지만 결코 빠뜨리진 않는다고 했다. 사람의 그물도 있다. 법망(法網), 인터넷(Internet)망, 정보망, 지식망이 대표적이다. 사람의 그물은 무척 촘촘하다. 그러나 잘 빠뜨린다. 허점이 많다.

법망을 보라. 법망에 걸려 허우적대는 건 누구인가. 법망을 뚫고 나갈 힘이 없는 약자들이다. 거미줄이 아무리 질겨도 그렇다. 거미줄에 걸리는 건 작은 벌레들이다. 참새나 제비 정도만 돼도 거미줄은 힘을 못 쓴다.

인터넷을 보라. 세계가 하나로 연결됐다는 느낌을 준다. 그만큼 서로의 본모습을 알 기회는 적어졌다. 지식망과 정보망을 보라. 지식과 정보가 홍수를 이룬다. 하지만 정말 필요한 지식은 설 자리를 잃었다. 유익하고 정확한 정보와 거짓 정보를 분간하기 어려워졌다. 인류는 세상을 촘촘히 조직했다. 하지만 오늘날 인류는 인간다운 본성에서 멀어졌다.

하늘의 그물은 그렇다. 조직적이지도 않고, 촘촘하지도 않다. 그러나 본성에 대한 반역은 좌시하지 않는다. 그에 동조하지도 않는다. 과감한 결단에 목마를 때가 있다면 그 결단이 나의 천성에 부합하는지 살펴야 한다. 천성에 부합하는 일이 도의 뜻이다.

내 천성을 알고 내 천성을 좇는 사람은 자기다운 사람이다. 반대로 내 천성을 모르고 남의 천성을 좇는 사람, 남의 천성이 내 천성이길 바라는 사람은 자기답지 못한 사람이다. 하늘은 자기답지 못한 사람의 바람에 응답하지 않는다.

남이 내게 내리는 형벌은 사람의 형벌이다. 내가 내게 내리는 형벌은 하늘의 형벌이다. 사람의 형벌을 두려워할 것인가. 하늘의 형벌을 두려워할 것인가. 해답은 '천성' 한마디에 있다.

33

경위본말
높을수록 낮은 곳으로 임하는 어른의 자세

믿음직스러운 말은 번지르르하지 않고,

번지르르한 말은 믿음직스럽지 못하다.

선량한 사람은 따지지 않고, 따지는 사람은 선량하지 못하다.

아는 자는 넓지 않고, 넓은 자는 알지 못한다.

———

신언불미(信言不美) 미언불신(美言不信) 선자불변(善者不辯) 변자불선(辯者不善)

지자부박(知者不博) 박자부지(博者不知)

_『도덕경』

주평만朱泙漫이라는 사람은 지리익支離益이라는 사람으로부터

용 잡는 방법을 배웠는데, 수업료를 대기 위해 천금의 가산을

모두 탕진해 가며 3년 만에 겨우 기술을 완성했다.

하지만 기술을 습득한 다음에는 그 뛰어난 솜씨를 쓸 곳이 없

었다.

———

주평만학도룡어지리익(朱泙漫學屠龍於支離益) 단천금지가(單千金之家) 삼년기성(三年技成)

이무소용기교(而無所用其巧)

『장자』「열어구(列禦寇)」

◆ 진인, 사람다운 도리가 없는 사람

어르신은 어른과 같은 말이지만 노인과 다르다. 어르신은 세월
을 무기로 가르치려는 사람이 아니다. 고집을 내세우는 사람이 아니
다. 상대방의 뜻과 경험을 존중하는 사람이다. 여전히 모르는 걸 발
견하고 배우려는 사람이다. 노인과 달리 어르신은 선배 시민(Senior
Citizen)이다.

『장자』「우언」에는 이런 대목이 있다.

> 나이는 앞섰지만 일의 경위(經緯)와 본말(本末)을 보이지 못한다. 그런 사
> 람은 선배가 아니다. 사람이 선배가 되지 못하면 사람다운 도리가 없는
> 것이다. 사람다운 도리가 없는 사람을 '낡아빠진 사람[陳人]'이라 한다.

경위란 '지나온 길을 묶다'라는 뜻으로 인생의 내력을 의미한다. 본
말이란 '본질과 말단'이라는 뜻으로 경중(輕重), 선후(先後), 진퇴(進
退)에 대한 앎을 의미한다. 경중이란 무겁게 다뤄야 좋을 일과 가볍게

다뤄야 좋을 일이다. 선후란 먼저 해야 좋을 일과 나중에 해도 괜찮을
일이고, 진퇴란 나아가야 할 때와 물러나야 할 때이다.

세상에서 가장 무거운 건 무엇일까? 가장 소중(所重)한 것이다. **바
로 나 자신이다.** 세상에서 가장 먼저인 건 무엇일까? 가장 소중한 것이
다. 역시 나 자신이다. 어떤 경우라도 마찬가지다. 내가 먼저여야 한
다. 다른 일이 나중이어야 한다. 나아가도 괜찮은 상황은 어떤 상황일
까? 내가 괜찮은 상황이다. 물러나야 좋은 상황은 어떤 상황일까? 당
연히 내가 괜찮지 못한 상황이다.

『장자』「열어구」에는 이런 대목이 있다.

> 주평만이라는 사람은 지리익이라는 사람으로부터 용 잡는 방법을 배웠
> 는데, 수업료를 대기 위해 천금의 가산을 모두 탕진해 가며 3년 만에 겨
> 우 기술을 완성했다. 하지만 기술을 습득한 다음에는 그 뛰어난 숨씨를
> 쓸 곳이 없었다.

부(富)와 명예, 인기와 평판, 값비싼 물건과 남들의 시선, 이런 용을
잡으려 자신의 성정(性情)을 해치는 사람이 많다. 성정이란 본성과 심
정이다. 용을 잡으려고 천금보다 가치 있는 자신의 본성과 심정을 갈
아 넣는 것이다. 하지만 그렇게 얻은 부와 명예, 인기와 평판 등을 어
떻게 쓸지 알 길이 없다. 소용이 사라진 것이다.

◆ 높을수록 자세를 낮춰야 하는 까닭

『장자』「열어구」에는 이런 대목도 있다.

송(宋)나라에 조상(曹商)이라는 사람이 있었다. 그는 송나라 임금을 위해 진(秦)나라에 사신으로 갔다. 그가 송나라를 떠날 때 수레 몇 대가 주어졌다. 조상을 만난 진나라 임금은 기뻐했다. 조상에게 수레 100대를 보태줬다. 송나라로 돌아온 조상은 장자를 만났다. 조상이 말했다.

"비좁고 지저분한 뒷골목 거리에 사는구려. 곤궁해서 짚신이나 만들어 입에 풀칠을 하는구려. 깡마른 목과 얼굴엔 황달기가 있구려. 나로선 할 수 없는 일이오. 내가 잘하는 일이 있소. 단번에 만승(萬乘)[39] 대국의 군주를 깨우치는 일이오. 100대의 수레가 나를 뒤따르게 하는 일이오."

장자가 말했다.

"진나라 임금이 병이 나서 의원을 불렀소. 종기를 째고 고름을 짜주는 사람은 수레 한 대를 얻었소. 입으로 고름을 빨아낸 사람은 수레 다섯 대를 얻었소. 치료하는 부위가 아래로 내려갈수록 얻는 수레도 많아졌소. 그대는 진나라 임금의 치질이라도 핥아준 모양이오. 그렇지 않고서야 어떻게 그 많은 수레를 받았겠소. 얼른 떠나가시오!"

---

39 만 대의 병거(兵車)라는 뜻이다. 천자(天子)의 자리를 상징한다. 여기에선 진나라의 위세를 상징한다.

사람의 본성과 심정은 저마다 다르다. 하지만 인류 보편의 본성과 심정도 있다. 그게 다른 사람의 비위를 맞추는 일은 아니다. 갓난아기를 보면 쉽게 알 수 있다. 갓난아기는 다른 이의 비위를 맞추려 애쓰지 않는다. 장자는 진나라 임금의 비위를 입안의 혀처럼 맞춘 조상을 나무랐다. 그 목적이 자신의 이익 추구에 있었음을 나무랐다. 그렇게 장자는 말했다. 자신의 본성을 억압할수록 외부에서 얻는 대가도 크다고.

『장자』「열어구」의 말이 이어진다.

공자가 말했다.

"정고보(正考父)[40]는 그랬다. 사(士)에 임명되자 등을 굽히고 걸어다녔다. 대부(大夫)에 임명되자 허리를 굽히고 남을 대했다. 경(卿)에 임명되자 온몸을 굽히고 담장 밑으로 종종걸음 쳤다. 누군들 정고보를 모범 삼지 않겠는가? 보통 사람은 그렇다. 처음 사에 임명되면 몸을 뻣뻣이 세운다. 거만한 태도를 지닌다. 대부에 임명되면 수레 위에서 춤이라도 출 듯 제멋대로 행동한다. 경에 임명되면 자기 삼촌들 이름까지 막 불러댄다."

---

40   송나라 민공(湣公)의 현손(玄孫)이다. 불보하(弗父何)의 증손으로 공자의 10대조로 알려졌다.

정고보가 높은 지위로 갈수록 자신을 굽혔던 까닭은 무엇일까? 자신의 본성을 지키고, 다른 이의 본성을 지켜주기 위함이다. 다른 사람들이 내 비위 맞추는 걸 즐기다 보면 언젠가는 알아서 비위 맞춰줄 것을 강요하게 되어 있다. 이는 사람의 본성에서 어긋나는 일이다. 자존심을 지키는 것보다 중요한 건 본성을 지키는 것이다.

『장자』「열어구」의 말이 계속된다.

> 황하(黃河) 물가에 가난한 부자(父子)가 살았다. 하루는 아들이 깊은 물속에 잠수했다. 거기서 천금의 진주를 건져 올라왔다. 아버지가 말했다. "당장 돌을 가지고 와라. 진주를 깨뜨려 버려라. 이 진주는 깊은 물속에 사는 검은 용의 여의주일 것이다. 네가 이걸 어떻게 주웠겠느냐. 검은 용이 잠들어 있었기 때문이다. 검은 용이 깨어 있었다면 네 몸의 일부라도 남아있었겠느냐?"

사람의 마음에도 심연이 있다. 그곳엔 저마다의 본성이 검은 용처럼 웅크리고 있다. 잠든 듯하기에 알아차리기 어려울 수도 있다. 많은 이들이 그렇다. 자신의 본성을 애써 모르는 체한다. 있다는 사실조차 잊어버린다. 천금의 진주를 건져낼 생각에만 분주하다. 그리하여 장자는 말했다. 본성을 거슬러 얻은 것이라면 천금 진주라도 과감히 내버리라고. **천금 진주가 사라진다고 나도 사라지진 않는다. 하지만 본성이 사라지면 나도 사라진다.**

◆ 어떤 꼴과 모양으로 살아갈 것인가

『도덕경』에는 이런 대목이 있다.

> 믿음직스러운 말은 번지르르하지 않고, 번지르르한 말은 믿음직스럽지
> 못하다.
> 선량한 사람은 따지지 않고, 따지는 사람은 선량하지 못하다.
> 아는 자는 넓지 않고, 넓은 자는 알지 못한다.
> 성인(聖人)은 쌓아두지 않고 남에게 모두 베푸는데 자기가 오히려 더 많
> 이 갖게 되고, 남에게 모두 줘버리는데 자기 것은 오히려 더 많아진다.
> 자연의 도(道)는 이롭게 해주면서도 해를 끼치지 않고, 인간의 도는 일
> 을 하면서도 이를 고려하지 않는다.

본성을 따른 언행은 다른 사람의 비위를 맞추지 않는다. 다른 사람의 비
위를 맞추는 언행은 이미 본성에서 벗어났다. 선량한 사람은 다른 사
람의 눈치를 보지 않는다. **눈치를 보는 사람은 이미 선량하지 않다.** 본성
을 따르는 사람은 자신의 비위를 넓히지 않는다. 누구도 못 맞출 정도
로 비위를 넓힌 사람은 이미 본성을 망각했다. 본성은 넓은 비위에 있
지 않다. 깊은 마음에 있다.

  본성을 거슬러 얻은 이익을 쌓아두지 않고 모두 다른 사람에게 돌
려주는 사람이 있다. 이런 사람은 순수하고 밝은 본성을 지킨다. 자연

은 본성대로 살 것을 권장한다. 자연의 세계에선 만물이 저절로 이롭게 된다. 서로에게 끼치는 해악이 줄어들게 된다. 반면 사람은 본성보다 이익의 극대화에 골몰한다. 인간 세계에선 서로 이익을 다투며 서로 해악을 끼친다. 세상의 조화를 망가뜨린다.

남들이 이룬 것만 보느라, 또 내게 없는 것만 보느라 '진짜 나'의 본성을 돌아보지 못하는 사람들이 있다. 그들은 늘 '왜 나만 이 모양 이 꼴인가' 생각한다. 그렇게 참된 나를 잃은 채 번지르르한 말을 내뱉고, 따지고, 아는 체를 한다. 자기혐오의 굴레에서 벗어나지 못한다. 반면 본성대로 사느라 이 모양 이 꼴인 사람에겐 희망이 있다. 참된 나를 간직했기 때문이다.

모양과 꼴을 바꾸기 위해 타고난 본성을 바꾸는 건 좋은 대안이 아니다. 지금 내 모양 내 꼴이 마음에 들지 않는다면 돌아봐야 한다. '나는 내 본성을 알고 있는가', '내 모양 내 꼴은 내가 본성을 따른 결과인가'.

본성을 따라 살면 마음에 드는 모양과 꼴은 자연히 갖춰진다. 본성을 거슬러 살면 마음에 드는 모양과 꼴은 저절로 멀어진다. 모양과 꼴의 비위를 맞추느라 본성을 저버리는 일. 이게 진짜 비극의 시작이다.

《 34 》

무소부재
누구의 인생도 틀리지 않다

무기는 상서롭지 못한 기물이어서 군자君子의 기물이 아니다.

어쩔 수 없어서 그것을 쓸 때에는

초연함과 담담함을 지키는 것이 가장 좋다.

승리하고도 그것을 아름답게 여기지 않는다.

만일 그것을 아름답게 여긴다면 살인을 좋아하는 꼴이 된다.

살인을 좋아하고서야 천하에 뜻을 이룰 수 없게 될 것이다.

———

병자불상지기(兵者不祥之器) 비군자지기(非君子之器)

부득이이용지(不得已而用之) 염담위상(恬淡爲上) 승이불미(勝而不美)

이미지자(而美之者) 시락살인(是樂殺人)

부락살인자(夫樂殺人者) 즉불가득지어천하의(則不可得志於天下矣)

_『도덕경』

천하 사람들은 저마다 자기가 하고 싶은 대로 해서

스스로 그것을 도道라고 생각하게 되었다.

슬프다!

―

천하지인(天下之人) 각위기소욕언이자위방(各爲其所欲焉以自爲方)

비부(悲夫)

_『장자』 「천하(天下)」

◆ 목적지로 가는 길은 누구나 다르다

어느 시(詩) 평론가가 말했다.

"운명이다 생각하고 이 일을 합니다. 하지만 때론 회의감도 듭니다. 시를 읽다 보면 그런 생각이 듭니다. 독자에게 전하고픈 뜻을 시인은 정확히 알았을까? 주인인 시인도 잘 모르는 걸 손님인 내가 이러쿵저러쿵해도 될까? 남이 피땀 흘려 만든 결과물을 찢어발기거나 뒤틀어도 될까?"

『주역(周易)』 「계사상전(繫辭上傳)」에는 이런 대목이 있다.

글로는 말을 다할 수 없다. 말로는 뜻을 다할 수 없다.

자신의 뜻을 말이나 글로 온전히 전할 수 있는 사람은 없다. 뜻(意)이란 무엇인가. '마음[心]의 소리[音]'다. 말은 귀로 듣고 글은 눈으로 보지만, 마음의 소리는 마음으로 느낀다. 마음의 소리는 희미하다. 정신을 집중하지 않으면 느낄 수 없다. '제대로 된 느낌' 같더라도 금세 다른 느낌이 든다.

오늘날엔 그렇다. 글만 보고 비난한다. 말만 듣고 비난한다. 처음 가진 느낌만으로 비난한다. 비난의 목적은 '당신이 틀리고 나는 맞다'는 생각을 사실로 증명하려는 것이다. 이 과정에서 다툼을 피하기 어렵다. 비난의 목적은 다툼이다. 다툼은 승자가 결정되기 전엔 사그라지지 않는다. 승자가 되는 건 누구일까? 더 많이 가진 사람이다. 다툼은 '힘의 논리'에서 자유롭지 않다. 힘의 논리란 '힘이 논리가 된다'라는 뜻이다.

힘과 논리의 공통점은 상대적이라는 것이다. 호랑이가 없으면 여우가 왕 노릇을 한다. 이쪽에선 그럴듯한 논리가 저쪽에선 터무니없이 비논리적으로 들린다. 현명한 사람은 이를 안다. 그래서 웬만해선 다투지 않는다. 다투더라도 이김보다 물러남을 미덕으로 삼는다.

『장자』「천하」에는 이런 대목이 있다.

천하엔 도를 추구하는 사람이 많다.
모두 자신의 도를 보탤 것 없는 최고로 여긴다.

목적지가 같아도 목적지까지의 길은 다를 수 있다. **도란 저마다의 목적지고, 도를 추구하는 방법은 저마다의 길이다.** 동일한 목적지가 하나 더 있다. 바로 죽음이다. 우리는 모두 죽음을 향해 나아가고 있다. **죽음에 이르기까지의 과정이 삶이다. 저마다 삶의 방식이 다를 뿐이다.**

내 삶의 방식에 자부심을 갖는 건 괜찮다. 내 방식대로 힘차게 나아가는 건 바람직하다. 하지만 내 삶의 방식만 옳진 않다. 다른 삶의 방식도 틀리지 않다. 내 삶의 방식이 최고란 보장은 없다.

◆ 굳은 것은 깨지고 예리한 것은 꺾인다

도란 **무소부재(無所不在)**하다. 무소부재란 '있지 않은 곳이 없다'라는 뜻이다. 도와 달리 사람은 무소부재할 수 없다. 누구나 시간과 공간의 한계를 지니고 경험의 제약을 받는다. 그래서 도에 더 가까이 다가간 사람은 있어도 완전히 다가간 사람은 없다. 아무리 깨우친 사람도 도의 일부분밖엔 보고 듣고 느낄 수 없다.

그렇다면 도에 조금 더 가까워지는 길은 무엇일까? '알 수 없는 것들'에 대한 과감한 인정이다. '무지를 마주할 가능성'의 무한한 확장이다. 도란 '최고라 여기지 않는 마음', '나을 게 없다는 마음'에 깃든다. '무엇이 최고다'라는 생각이나 '이게 더 낫다'라는 마음을 가지면 도에서 멀어지기 쉽다. 도는 우열을 가리지 않는다. 도마저 마찬가지다. '도가 최고다', '도가 더 낫다' 이런 생각은 도에서 떨어져 있다.

『장자』「천하」의 말이 이어진다.

한 가지 견해를 더 많이 터득했다고 자신을 뽐낸다. 비유하자면 그렇다. 귀와 눈, 코와 입은 저마다 밝게 아는 부분이 다르다. 때에 따른 쓰임이 다르다. 나름대로 뛰어난 점이 있다. 하지만 모든 것을 포괄하진 못한다. 모든 일에 미칠 수 없고 일부분만을 알 뿐이다.

시력이 좋아도 청력이 나쁘면 시야가 제한된다. 후각이 좋아도 미각이 나쁘면 맛이 떨어진다. 시력과 청력, 후각과 미각 중 하나를 몹시 뛰어나게 해줄 테니 대신 이 가운데 하나를 포기하라면 누가 응할 것인가. 더 터득하고 싶은 사람은 많지만, 더 치우치고 싶은 사람은 드물다. 그러나 더 터득할수록 더 치우치게 되는 일은 자연스럽다. 더 터득하려는 생각에 매몰되면 자연스러운 결과를 간과하기 쉽다. **다른 사람보다 뛰어남도 중요하지만 그보다 더 중요한 게 있다. 그 뛰어남이 때에 따라 잘 쓰임이다.**
『장자』「천하」의 말이 계속된다.

천하 사람들은 저마다 자기가 하고 싶은 대로 해서 스스로 그것을 도라고 생각하게 되었다.
슬프다!
여러 학파의 학자들이 자기의 생각대로만 달려나가면서 도의 근본으로 되돌아올 줄 모르고 있으니. 그렇게 해서는 절대로 도와 만나지 못하게 될 것이다.

'누군가의 순수한 결과물을 내 맘대로 찢어발겨도 괜찮을까?' 고민하던 시 평론가의 독백이 다시 떠오른다. 시란 그렇다. 창작된 그대로 순수할 때 가장 아름답다. 독자가 있는 그대로를 받아들일 때 가장 아름답다. 시를 감상함에서 오는 저마다의 느낌이 시인의 뜻 그 자체다.

사람도 마찬가지다. 태어난 모두는 순수한 결과물이다. 순수한 결과물은 원래의 순수한 상태일 때 가장 아름답다. 순수한 결과물의 가장 순수한 상태를 본성이라고 한다. 서로의 본성을 비난하며 다툰다. 기어코 서로를 이기려 든다. 이처럼 아름답지 못한 일도 없다.

『장자』「천하」의 말이 이어진다.

모두가 남을 앞서려 한다. 하지만 노자는 남에게 뒤지려 했다.

노자는 말했다.

"천하의 모든 치욕을 내가 뒤집어쓴다."

모두가 행복을 추구할 때 노자는 자연스러움을 추구했다.

노자는 말했다.

"재앙을 면하면 그만이다."

노자는 깊음을 근본으로 삼았다. 간단함을 원칙으로 삼았다.

노자는 말했다.

"굳은 것은 깨진다. 예리한 것은 꺾인다."

그는 만물을 너그럽게 대했다. 남을 깎아내리지 않았다.

남보다 앞서지 않아도 괜찮은 사람은 다른 사람을 이기려 들지 않는다. 모욕을 당해도 동요하지 않는 사람은 남과 다투지 않는다. 보태고 채움보다 덜어내고 비움에 주력하는 사람은 늘 여유롭다. 무리해서 행복을 좇기보다 자연스럽게 흘러가길 바라는 사람은 재앙과 환난에서 멀어진다. 마음이 너그러워 다른 사람을 깎아내리지 않는 사람에겐 도가 깃든다. 깊고도 간결한 도의 선물이 있다. **바로 꺾이고 깨지지 않음이다.**

◆ 이기더라도 아름다운 승리는 아님을 잊지 말라

『도덕경』에는 이런 대목이 있다.

> 무릇 무기란 상서롭지 못한 기물이어서 만물이 그것을 싫어하는 것 같다. 그러므로 도를 따르는 자는 무기로 처리하지 않는다.
>
> … (중략) …
>
> 무기는 상서롭지 못한 기물이어서 군자의 기물이 아니다. 어쩔 수 없어서 그것을 쓸 때에는 초연함과 담담함을 지키는 것이 가장 좋다. 승리하고도 그것을 아름답게 여기지 않는다. 만일 그것을 아름답게 여긴다면 살인을 좋아하는 꼴이 된다. 살인을 좋아하고서야 천하에 뜻을 이룰 수 없게 될 것이다.

비난은 크고도 잔인한 무기다. 한 마디 비난이 백 마디 칭찬을 뒤엎는다. 한 마디 비난이 오래된 관계를 망친다. 도를 좇는 사람은 비난하는 생각과 말과 글을 경계한다. 비난과 비판과 비평은 본질이 같다. 약점과 오점과 결점을 부각한다.

부득이 비난하고 비판하고 비평하려면 담담해야 한다. 이기더라도 아름다운 승리는 아님을 잊지 말아야 한다. 승리감에 도취된 사람은 살인을 좋아하는 사람과 같다. 쏟아지는 비난을 견디다 못해 사람이 죽어나간다. 이런 일이 오늘날에도 비일비재하다. 남을 비난함으로써 자신의 뜻을 이룰 수 있는 사람은 없다.

마땅한 비난이라도 그렇다. 합리적인 비판이라도 그렇다. 유려한 비평이라도 그렇다. 저마다의 본성을 지키려면 차라리 없느니만 못하다. 날선 무기로 세상을 난도질할 것인가. 무기를 내려놓고 세상의 자연스러움을 지킬 것인가. 서로 살리는 세상이 될 것인가. 서로 죽이는 세상이 될 것인가. 이는 순수한 본성을 향한 우리 열정에 달려 있다.

비교하지 않는 삶을 위한 노자·장자 철학 수업

당신의 인생은 틀리지 않았다

초판 1쇄 인쇄 2025년 6월 5일
초판 1쇄 발행 2025년 6월 18일

지은이 제갈건
펴낸이 신의연
책임편집 이호빈
펴낸곳 마이디어북스
등록 2022년 4월 25일(제2025-000015호)
전화 070-8064-6056
팩스 031-8056-9406
전자우편 mydearbooks@naver.com
인스타그램 @mydear___b

ⓒ 제갈건 2025
ISBN 979-11-93289-50-1 (03140)

• 이 책은 저작권법에 따라 보호받는 저작물이므로 무단전재와 복제를 금합니다.
• 도서 내용의 전부 또는 일부를 재사용하려면 반드시 저작권자와 출판사의 서면 동의를 받아야 합니다.
• 책값은 뒤표지에 표시되어 있으며, 잘못된 책은 구입하신 곳에서 바꿔드립니다.